MARION KRACHT kocht

VEGETARISCH
VEGAN

Dieses Kochbuch widme ich einem Menschen, dem ich nicht nur meine Kochkünste zu verdanken habe, sondern vieles, vieles mehr! Sie war eine ebenso interessante wie schöne Frau und eine fantastische Köchin: meine Mutter. Ich vermisse dich!

MARION KRACHT kocht

VEGETARISCH VEGAN

av BUCH

IMPRESSUM

avBUCH im Cadmos Verlag

Umschlag, Layout, Satz und Bildreproduktion: www.ravenstein2.de
Lektorat: Sarah Koller

Coverfoto: Dirk Bartling
Porträtfotos im Innenteil: Dirk Bartling
Foodfotos im Innenteil: Sandy Neumann, Assistenz Anni Kazymir
Video und Schnitt: Darius Kracht

Druck und Bindung: Himmer AG, Augsburg

Deutsche Nationalbibliothek – CIP-Einheitsaufnahme
Die Deutsche Nationalbibliothek verzeichnet diese Publikation in der Deutschen Nationalbibliographie; detaillierte bibliografische Daten sind im Internet über http://dnd.ddb.de abrufbar.

Printed in Germany

ISBN: 978-3-8404-7033-2

MARION KRACHT kocht

VEGETARISCH VEGAN

INHALT

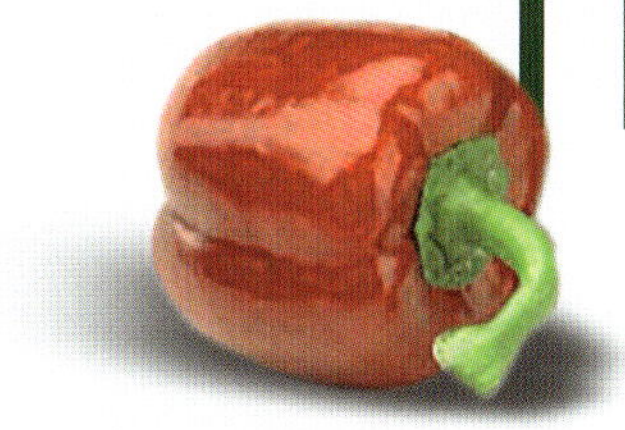

Foto: Dirk Bartling

MARION KRACHT kocht

VEGETARISCH
VEGAN

Foto: Dirk Bartling

Mein eigenes Kochbuch – seit Langem ein Traum von mir! Ich liebe es, zu kochen und gut zu essen. Mein erstes Rezept habe ich im Alter von acht Jahren entwickelt. Leider gab es das Gericht schon, was mich damals schwer getroffen hat. Das hinderte mich aber nicht daran, weiterhin mit viel Spaß und Liebe gutes Essen auf den Tisch zu zaubern. Ich ließ mich bei meinen vielen beruflichen und privaten Reisen von den Küchen der Welt inspirieren, von wunderbaren Freunden, die mich fürstlich bekochten und bekochen und natürlich von meiner Meisterin, meiner Mutter, die mich in die Welt des guten Geschmacks eingeführt hat. Sie vermittelte mir das A und O einer guten Küche: hervorragende Qualität der Lebensmittel und liebevolle Zubereitung der Speisen. Seit 25 Jahren bin ich nun Vegetarierin und habe inzwischen mit einigen renommierten Spitzenköchen gekocht. Vor allem aber ist es die Kunst und die Freude, täglich etwas Frisches, Genussvolles und Gesundes zu kreieren, die ich mit meinen Rezepten vermitteln möchte.

Alle Rezepte gibt es als vegetarische und vegane Version. Manchmal bedeutet das nur eine kleine Veränderung der Zutaten, manchmal entstand dadurch aber auch ein ganz neues Rezept. Ich persönlich verzichte auf Kuhmilch, Sie können aber natürlich selbst entscheiden, ob Sie Milch oder Sojamilch bevorzugen. Auf Kuhkäse verzichte ich fast vollständig, nur an Mozarella kann ich nicht immer vorbeigehen. Ich verwende in meinen Rezepten auch keinen Weizen. Viele Menschen reagieren inzwischen, so wie ich, mit einer Unverträglichkeit auf dieses hochgezüchtete Getreide. Es treibt den Blutzuckerspiegel extrem in die Höhe und außerdem macht es dick. Ich ersetze es mit dem etwas nussig schmeckenden Dinkel. Natürlich ist das aber nur eine persönliche Vorliebe und die Rezepte schmecken mit Weizenmehl sicher auch lecker. Glutenfreie Gerichte sind als solche gekennzeichnet. Fast alle Rezepte sind alltagstauglich und unkompliziert in der Zubereitung. Aber Sie finden auch einige aufwendigere Ideen für besondere Anlässe.

Mein Mann ermutigt mich schon seit vielen Jahren, ein Kochbuch zu schreiben. Hier ist es also, und ich freue mich, wenn es nicht nur meinem Mann, sondern auch Ihnen gefällt. Es ist genauso entstanden, wie ich koche – **mit Liebe!**

Berlin, 03.12. 2014
Geburtstag meiner Mutter

WAREN KUNDE

AJOWAN

Ayurvedisches Gewürz mit einem starken, thymianähnlichen Aroma. Es wird in der arabischen und indischen Küche verwendet. Ihm wird eine heilende Wirkung auf den Darmtrakt nachgesagt. Erhältlich in Asiashops und Feinkostgeschäften.

ARGANÖL

Dieses, in Bioläden und gut sortierten Supermärkten erhältliche, Öl ist sehr gesund. Es wird teilweise als Nahrungsergänzungsmittel angeboten, da es ungesättigte Fettsäuren und wichtige Vitamine enthält. Ich setze es hauptsächlich wegen seines zarten Nussgeschmacks ein.

AUSTERNPILZ ODER AUSTERNSEITLING

Dieser Zuchtpilz sollte nicht gewaschen, sondern nur abgebürstet werden. Hoher Vitamin-B-, -D- und Eiweißgehalt. Er beinhaltet auch das begehrte Vitamin B12!

BULGUR

Diese Getreidegrütze ist aus Hartweizen, Dinkel oder Buchweizen (glutenfrei) erhältlich.

CHAAT MASALA

Die indische Gewürzmischung eignet sich u. a. für die Zubereitung von Chutneys und ist in Asiashops erhältlich.

CHAPATI

Ein dünnes Brot, das hauptsächlich in Nordindien und Pakistan gegessen wird. Es ist in Asiashops fertig erhältlich.

CHILIFÄDEN

Die aus der Schale einer Chilischote hauchdünn geschnittenen und getrockneten Fäden sind in Asiashops und gut sortierten Supermärkten erhältlich.

CHILISCHOTEN

Nach der Berührung mit frischen Chilischoten, bitte unbedingt sorgfältig die Hände waschen!

COUSCOUS

Getreideprodukt, meist aus vorgegartem, zerkleinertem Hartweizen. Alternativ auch aus anderen Getreidesorten wie Dinkel, Emmer, Gerste oder Buchweizen (glutenfrei) erhältlich.

CURCUMA ODER TUMERIK

Dieses Gewürz gibt dem Curry seine charakteristische Farbe. Man sollte nicht zu viel verwenden, da es dann bitter schmeckt. Es gilt als äußerst wirksame Heilpflanze und ist in Asiashops und gut sortierten Supermärkten erhältlich.

CURRYBLÄTTER

Die Blätter des Currybaums sind ein asiatisches Gewürz, das mitgegessen wird. Es wird zur Herstellung von Currygewürzen verwendet und ist in Asiashops erhältlich.

EGERLINGE

Diese dunklen Champignons sind im Supermarkt erhältlich.

FLOTTE LOTTE

Ein Küchengerät zum Passieren von Gemüsen und Früchten.

GARAM MASALA

Eine indisch-ayurvedische Gewürzmischung, die u. a. für Currys genutzt wird und in Asiashops zu finden ist.

GHEE

Ghee kommt aus der ayurvedischen Küche und ist eine Art Butterschmalz aus geklärter Butter. Erhältlich in Asiashops.

GOMASIO

Gerösteter und zerstoßener Sesam, gemischt mit Salz. Gomasio ist in Bioläden erhältlich, oder aber Sie stellen es selbst her.

HANFSAMEN

Sie schmecken sowohl geröstet als auch ungeröstet auf Salaten oder Suppen und sind in Bioläden erhältlich. Hanfprotein enthält alle acht essenziellen Aminosäuren, die der Körper braucht.

HOKKAIDO-KÜRBIS

Die dünne Schale dieses Kürbisses wird beim Kochen weich und kann mitverzehrt werden.

KARDAMOM

Dieses intensive Gewürz zählt zu den Ingwergewächsen und ist gut für die Verdauung. Genutzt wird die getrocknete Frucht.

KECAP MANIS

Diese süße Sojasoße ist in Asiashops erhältlich.

KICHERERBSENMEHL

Das glutenfreie Mehl aus Kichererbsen ist in Asiashops und Bioläden zu finden.

MATZEN

Ein ungesäuertes Brot aus der jüdischen Tradition. Hergestellt wird es aus einer der fünf Getreidesorten Weizen, Roggen, Gerste, Hafer oder Dinkel.

MUNG DAL

Ist eine Form der Mungbohne mit sehr hohem Eiweißanteil. Getrocknet in Asialäden oder Supermärkten erhältlich.

NO EGG

Glutenfreier Eiersatz aus Tapioka- und Kartoffelmehl. Erhältlich in Bioläden.

PANEER

Dieser indische Kuhmilch-Frischkäse nimmt in gekochten Gerichten die Konsistenz von Tofu an.

PASTINAKE

Ein deutsches Wintergemüse, das einen süßlich-würzigen Geschmack, ähnlich einer milden Petersilienwurzel hat.

PETERSILIENWURZEL

Ein deutsches Wintergemüse mit einem intensiv würzigen Geschmack. Es enthält viel Vitamin-C und ist leicht bekömmlich.

PIMENT
Ein Gewürz, das auch Nelkenpfeffer genannt wird. Es ist vielseitig einsetzbar für u. a. für Marinaden, Currys oder in der Adventsbäckerei.

POLENTA
Aus Mais hergestellter Gries. Dieses italienische Grundnahrungsmittel ist nicht zu verwechseln mit Maismehl.

QUINOA
Glutenfreies Pseudo-Getreide aus den Anden, das eine Alternative zum Reis bietet. Es ist in Asiashops, Bioläden und gut sortierten Supermärkten erhältlich.

REISPAPIER
Besteht aus Reismehl, Salz und Wasser. Es muss vor der Verarbeitung eingeweicht werden und ist in Asiashops in verschiedenen Größen erhältlich.

REISSIRUP
Eines der ältesten Süßungsmittel. Die Reisstärke wird in Zuckermoleküle aufgespaltet. Reissirup ist geschmacksneutral.

ROSA BEEREN & ROSA PFEFFER
Die Beeren stammen von einer brasilianischen Gewürzpflanze und haben einen milden Geschmack. Sie sind in Asiashops, Feinkostgeschäften und gut sortierten Supermärkten erhältlich.

ROSENWASSER
Aromatisiertes Wasser, das sich als Zusatz zu verschiedenen Süßspeisen eignet und in Asiashops erhältlich ist.

SAFRAN
Die Stempelfäden der Safranblüte färben stark und haben ein intensives Aroma. Sie sind recht teuer und in Asiashops, Feinkostgeschäften oder gut sortierten Supermärkten erhältlich.

SCAMORZA
Ein italienischer, geräucherter Brühkäse, der einen kräftigen, eigenständigen Geschmack hat.

SCHATTENMORELLEN
Eine Kirschsorte, die meist im Glas leicht bis stark gezuckert erhältlich ist.

SEIDENTOFU
Nicht gepresster Tofu mit weicher Konsistenz. Er eignet sich als Eiersatz oder für Soßen.

SEITAN
Ausgewaschenes Getreide mit hohem Eiweißanteil. Dieser traditionelle Fleischersatz der japanischen und chinesischen Zen-Buddhisten ist meist aus Weizen, aber auch aus Dinkel erhältlich.

SHIITAKEPILZE
Pilze mit hohem Eiweißgehalt, wenig Kalorien und ohne Fett. Sie sind Vitamin-D- und B12-Lieferanten und wirken cholesterinsenkend.

SOJAFLEISCH
Fleischersatz, hergestellt aus entfettetem Sojamehl. Es ist getrocknet erhältlich und wird vor dem Verzehr eingeweicht. Wegen seines neutralen Geschmacks muss es gebraten oder mariniert werden.

SOJAMEHL
Mehl aus der Sojabohne mit hohem Eiweißgehalt. Auf gentechnikfreie Produkte achten! Dient bei veganer Ernährung als Eiersatz.

SOJAJOGHURT
Er besteht aus fermentierter Sojamilch und ist, ähnlich wie der Kuhmilchjoghurt, gesüßt oder ungesüßt erhältlich.

SOJAMILCH

Der Milch-Ersatz aus Sojabohnen und Wasser ist gesüßt oder ungesüßt erhältlich. Sojamilch ist im Gegensatz zu Hafer- und Reismilch wie Kuhmilch einsetzbar.

SOJASAHNE

Die Sahne besteht aus fermentierten Sojabohnen und Wasser und dient bei veganer Ernährung als Sahne-Ersatz. Auf gentechnikfreie Produkte achten! Alternativ kann Hafer- oder Reissahne eingesetzt werden.

SOSSENLEBKUCHEN

Soßenlebkuchen sind nur schwach gesüßte, einfache Lebkuchen, mit denen sich dunkle Soßen verfeinern und binden lassen. Im gut sortierten Supermarkt erhältlich.

STERNANIS

Ein Gewürz, das wie Anis oder Lakritz schmeckt, dabei süß, würzig und leicht feurig ist.

STEVIA

Auch Süßkraut oder Honigkraut genannt. Süßungsmittel aus den Blättern der Stevia-Pflanze. Es süßt deutlich intensiver als Zucker und ist kalorienfrei. Flüssig, in Pulverform oder als Tabs im gut sortierten Supermarkt erhältlich.

TAMARIND

Früchte des Tamarindenbaumes. Als Paste ist es im Glas in Asiashops erhältlich und kann notfalls durch Zitronensaft ersetzt werden.

TEMPEH

Eine auf Basis von gekochten Sojabohnen hergestellte Fleischalternative. Ursprünglich aus Indonesien stammend, hat es einen speziellen Geschmack und ist sehr eiweißhaltig. Bei uns findet man ihn in Asiashops oder Bioläden.

TONGU-PILZE

Diese chinesischen Champignons werden in Asiashops getrocknet verkauft und müssen daher vor dem Verzehr eingeweicht werden.

WASSERKASTANIEN

Eine Frucht, die nicht mit der Kastanie verwandt ist. Wasserkastanien haben einen milden, etwas süßlich-säuerlichen Geschmack und eine knackige Konsistenz. Sie finden Verwendung in der chinesischen Küche und sind in Asiashops oder Feinkostgeschäften erhältlich.

ZIMTBASILIKUM

Kann man als frische Pflanze im Topf in gut sortierten Supermärkten kaufen. Es hat ein intensives Aroma.

ZITRONENTHYMIAN

Thymiansorte mit Zitronengeschmack. Es ist in Bioläden oder im Pflanzenhandel als Topfpflanze erhältlich.

Foto: Dirk Bartling

1 VORSPEISEN

Fotos: Dirk Bartling | Food Fotos: Sandy Neumann

4 Personen | Zubereitungszeit 25 Minuten

Glutenfrei

GUACAMOLE MIT KARTOFFELCHIPS

„Für diese Guacamole habe ich schon Heiratsanträge bekommen. Meine Mutter hat das **Rezept aus Mexiko** mitgebracht, wo sie einige Zeit lebte. Das A und O einer guten Guacamole ist die Qualität der Avocados: Sie müssen weich und reif sein, aber nicht braun."

ZUBEREITUNG

1. Avocados halbieren, entkernen und das Fleisch auslösen, in eine Schale geben und mit einer Gabel zerdrücken bzw. pürieren. Saft einer halben Zitrone oder Limone darübergeben.
2. Knoblauch schälen, pressen und zu den Avocados geben.
3. Koriandergrün von dicken Stielen befreien, waschen, trocknen, fein hacken und unter die Creme heben. Einige Blätter zur Dekoration zurückhalten.
4. Gewürze, Salz und Pfeffer dazugeben.
5. Chilischoten längs aufschneiden, Kerne entfernen, kleinhacken und ebenfalls unter die Creme rühren.
6. Kartoffeln schälen, in feine Scheiben schneiden und mit Küchenpapier trocknen.
7. Öl in einer Fritteuse, einem Wok oder einer tiefen Pfanne erhitzen. Geben Sie nicht alle Kartoffelscheiben auf einmal hinein und auch erst, wenn das Öl richtig heiß ist. Nach einigen Minuten können die Chips mit der Schöpfkelle herausgenommen werden, wenn sie leicht braun und kross sind. Auf Küchenpapier abtropfen lassen.
8. Guacamole und Kartoffelchips auf Tellern verteilen, mit Cocktailtomaten und Korianderblättern dekorieren und servieren.

ZUTATEN

3–4 Avocados
½ Limone oder Zitrone
3–4 Knoblauchzehen
1 Bund Koriandergrün
2 rote Chilischoten
je 1 TL gemahlener Koriander und Kreuzkümmel
Salz, frischer Pfeffer
2 große, festkochende Kartoffeln
12 Cocktailtomaten
Soja-, Raps- oder Sonnenblumenöl

Tipp

Sollten Sie die Guacamole vorbereiten wollen, legen Sie ein oder zwei Kerne hinein, so behält die Creme ihre frische Farbe.

GLASNUDELSALAT
MIT ALGENTOFU UND MANGO

„Diesen wunderbar frischen Salat habe ich bei den Dreharbeiten zum Film „Familie Sonnenfeld" kennengelernt. Zwei **fantastische Köchinnen aus Vietnam** haben ihn für das Team mit Shrimps zubereitetet, für uns Veggies natürlich ohne Tiere. Meine vegane Version schmeckt mindestens genauso gut."

ZUTATEN

100 g Glasnudeln
2–3 Knoblauchzehen
1 cm frischer Ingwer
2 Stangen Zitronengras
1–2 rote Chilischoten
3 Frühlingszwiebeln
2 EL Raps- oder Sesamöl
125 g Algen- oder Räuchertofu
3 EL brauner Zucker
helle Sojasoße
1 mittelgroße Karotte
1 Mango
1 Bund Koriandergrün
Saft von 2 Limetten
weißer Pfeffer
1 Handvoll gehackte, ungesalzene Erdnüsse

ZUBEREITUNG

1. Glasnudeln 5 bis 10 Minuten in heißem Wasser einweichen, dann abtropfen lassen.
2. Knoblauch und Ingwer schälen und sehr fein hacken.
3. Das Ende des Zitronengrases abschneiden, das äußere Blatt entfernen, dann das Zitronengras in feine Ringe schneiden. Chilischoten der Länge nach aufschneiden, entkernen und fein hacken.
4. Die Frühlingszwiebeln in feine Ringe schneiden.
5. Raps- oder Sesamöl in einer Pfanne erhitzen, Tofu in 1 cm große Würfel schneiden und anbraten.
6. Knoblauch, Ingwer, Zitronengras, Chili und Frühlingszwiebeln dazugeben.
7. Braunen Zucker in die Pfanne geben und mit der hellen Sojasoße ablöschen.
8. Glasnudeln und Pfanneninhalt in einer großen Schale vermischen.
9. Die Karotte schälen und raspeln, die Mango schälen und in Streifen schneiden. Koriander waschen, trocknen, dann klein hacken.
10. Limettensaft, Koriander, Mango und Karotte unter die Glasnudeln heben.
11. Mit weißem Pfeffer abschmecken, bei Bedarf noch etwas Sojasoße untermischen.
12. Mit gehackten Erdnüssen garnieren.

Tipp

Lauwarm oder kalt genießen.

Foto: Sandy Neumann

4 Personen | Zubereitungszeit 25 Minuten

Glutenfrei

Foto: Sandy Neumann

4 Personen | Zubereitungszeit 20 Minuten plus circa 15 Minuten Backzeit

SAMOSAS

„Samosas werden in **Indien an jeder Straßenecke** für wenige Rupien verkauft. Heiß, mit Chutney, bekommt man sie auf einem Stück Zeitungspapier in die Hand gedrückt. Wenn ich sie esse, kann ich die Düfte, die Atmosphäre und die traumhafte Natur des Landes förmlich riechen und spüren."

ZUTATEN

6 Blätter Dinkel- oder Weizenblätterteig (auch als veganer Blätterteig erhältlich)
2 mittelgroße Kartoffeln
1 Karotte
150 g Blumenkohl
100 g Erbsen
1 cm frischer Ingwer
1/4–1/2 TL Curcuma (Turmerik)
1/2–1 TL Kreuzkümmel
1/4–1/2 TL Koriander
je 1 Prise Zimt und Nelken
Salz, frischer Pfeffer
Ghee oder Rapsöl

ZUBEREITUNG

1. Ofen nach Packungsanleitung des Blätterteigs vorheizen.
2. Kartoffeln schälen und in 1 cm große Würfel schneiden, Karotte schälen und grob raspeln, Blumenkohl fein würfeln.
3. Ghee oder Rapsöl in der Pfanne erhitzen, den klein gehackten oder geraspelten Ingwer und die anderen Gewürze (außer Salz und Pfeffer) kurz anrösten.
4. Kartoffelwürfel dazugeben und unter Rühren 3–4 Minuten leicht anbraten.
5. Karotten und Blumenkohl zusammen mit 2–3 EL Wasser in die Pfanne geben und mit geschlossenem Deckel circa 5 Minuten bei mittlerer Temperatur dünsten.
6. Erbsen und gegebenenfalls noch etwas Wasser dazugeben und weitere 5 Minuten dünsten.
7. Mit Salz und Pfeffer würzen, abkühlen lassen.
8. Blätterteig aus dem Kühlfach nehmen, kurz antauen lassen, dann Quadrate oder Rechtecke gleichmäßig mit dem Pfanneninhalt befüllen.
9. Den Teig zu Paketen zusammenklappen und die Ränder mit den Fingern zusammenpressen. Wer mag, kann die Pakete noch mit Eigelb bestreichen.
10. Samosas auf Backpapier legen und nach Packungsanleitung des Blätterteigs backen.
11. Mit einem Chutney (S. 61, 62, 63) servieren.

Tipp

Samosas halten sich einige Tage im Kühlschrank und können kalt oder warm verzehrt werden.

SPINATSALAT
MIT TAMARINDEN-MARINIERTEM TEMPEH

„Tempeh gibt es in **Indonesien** seit Jahrhunderten. Er wird aus fermentierten Sojabohnen hergestellt, hat also einen hohen Proteingehalt. Zusammen mit dem frischen Obst, Gemüse und Nüssen, sind Sie mit diesem Salat rundum versorgt."

ZUTATEN

200 g Tempeh
300 g frischer Blattspinat
3 TL Tamarindenpaste aus dem Glas
3 TL dunkle Sojasoße
3 TL Kecap Manis
½ TL Cayennepfeffer
Saft von ½ Limone
12 helle, kernlose Trauben
60 g getrocknete Tomaten in Öl
¼–½ Bio-Salatgurke
6 Cocktailtomaten
1 EL Grapefruit- oder Zitronenessig oder Saft einer halben Limone
Salz, frischer Pfeffer
2 cm Ingwer
2 EL Olivenöl
circa 1–2 EL Kokos- oder Rapsöl
1 EL verschiedene Nüsse

ZUBEREITUNG

1. Tempeh längs in circa 4 x 1 cm große Streifen schneiden und in eine Schale legen.
2. Tamarindenpaste, Sojasoße, Kecap Manis, Saft der halben Limone und Cayennepfeffer mischen und Tempeh mindestens 20 Minuten bei mehrmaligem Wenden darin einlegen.
3. In der Zwischenzeit Spinat waschen, von harten Stielen befreien, Trauben waschen und halbieren, frische und eingelegte Tomaten und Gurke waschen und in Streifen schneiden.
4. Ingwer schälen und fein hacken oder reiben.
5. Essig bzw. Limonensaft, Salz, Pfeffer, Ingwer und Olivenöl in einem verschließbaren Glas kräftig durchschütteln oder in einer Schale mit einem Quirl aufschlagen.
6. Kokos- oder Rapsöl in einer Pfanne erhitzen und den marinierten Tempeh unter mehrfachem Wenden scharf anbraten, bis er leicht kross, aber nicht hart ist.
7. Den abgetropften Spinat, Gurke, Trauben, frische und getrocknete Tomaten in einer Salatschale mit dem Dressing mischen. Tempeh auflegen und mit Nüssen bestreuen.

Tipp
Auch als Hauptgericht geeignet, serviert mit getoastetem Brot.

4 Personen | Zubereitungszeit 25–30 Minuten

Glutenfrei

Foto: Sandy Neumann

4 Personen | Zubereitungszeit 15-20 Minuten

Glutenfrei

INDISCHER KARTOFFELSALAT

„Kartoffelsalat mal anders. In Indien werden, ganz anders als man denkt, sehr viele Kartoffeln gegessen. Diesen Salat habe ich dort entdeckt, wobei **die Inder ihn vieeeel schärfer essen**. Er ist einfach zuzubereiten, schmeckt aber göttlich."

ZUBEREITUNG

1. Kartoffeln unbehandelt in einer Schale in Wasser oder über Dampf garen.
2. Währenddessen die Chilischoten längs aufschneiden, entkernen und klein schneiden.
3. Kartoffeln mit kaltem Wasser abschrecken, dann lassen sie sich leicht pellen. In 1–2 cm große Würfel schneiden.
4. Senfkörner in der Pfanne kurz stark erhitzen, dann Chili für 1 Minute dazugeben.
5. Senfkörner und Chili unter die Kartoffeln heben.
6. Sesamöl, Kokosflocken und das gehackte Koriandergrün untermischen, je nach Geschmack mit Salz verfeinern.
7. Zitrone in 8 Schiffchen schneiden und zum Kartoffelsalat servieren.

ZUTATEN

500 g festkochende Kartoffeln
2–3 rote Chilischoten
2 EL Sesamöl
200 g frische oder getrocknete Kokosflocken
2 TL schwarze Senfkörner
1 Bund Koriandergrün
1 Zitrone
Salz (optional)

Tipp

Köstlich mit Chapati oder zu Melonenschiffchen.

LINSENSALAT
MIT WINTERLICHEM GEMÜSE UND GRANATAPFEL

„Der **Granatapfel** ist für mich eine wirklich ungewöhnliche Frucht. Die schmackhaften Kerne verleihen diesem Salat mit ihrer fruchtigen Süße eine ganz besondere Note."

ZUTATEN

150 g Knollensellerie
150 g Pastinake
150 g Karotte
150 g Kürbis
1 Stange Porree
250 g Tellerlinsen oder andere feste Linsen
Rapsöl
2 EL Rohrzucker
Balsamico
frischer Knoblauch nach Gusto
1 TL Zimt
Salz, frischer Pfeffer
1 Granatapfel
Kürbiskernöl
als Topping Kürbischutney (S. 61)

ZUBEREITUNG

1. Alle Gemüse waschen, schälen und klein würfeln.
2. Hellen Teil des Porrees der Länge nach halbieren und in schmale Ringe schneiden.
3. Linsen waschen und ohne Salz mit 750 ml Wasser 20 Minuten kochen, bis sie bissfest sind.
4. Rapsöl in einer tiefen Pfanne erhitzen und alle Gemüse scharf anbraten.
5. Mit Rohrzucker karamellisieren und mit Balsamico ablöschen. Diesen Vorgang bei reduzierter Temperatur wiederholen, sobald das Gemüse den Essig aufgesogen hat.
6. Fein gehackten Knoblauch und 1 TL Zimt unterheben, mit Salz und Pfeffer würzen.
7. Das Gemüse weiter bei geringer Temperatur braten, bis es bissfest gegart ist.
8. Den Granatapfel wie eine Orange schälen, das heißt oben und unten die Schale abschneiden und rundherum mehrfach senkrecht einschneiden. Die Frucht dann in einer Wasserschale auseinanderziehen und die Kerne mit den Fingern herauslösen.
9. Die Linsen abgießen und zusammen mit den Granatapfelkernen unter das Gemüse heben.
10. Den Salat auf Teller verteilen, mit etwas Kürbiskernöl und einem Löffel Kürbischutney verfeinern.

Tipp

Diese lauwarme oder kalte Vorspeise für 6 Personen wird, mit einem Vollkornbaguette serviert, zur Hauptspeise für 4 Personen.

Foto: Sandy Neumann

4–6 Personen | Zubereitungszeit 30 Minuten

Glutenfrei

Foto: Sandy Neumann

4 Personen | Zubereitungszeit 15 Minuten
Glutenfrei

CHICORÉESALAT
MIT SHIITAKEPILZEN UND WALNÜSSEN

„**Ich liebe Chicorée!** Als ich schwanger war, musste mein Mann die gesamten Berliner Chicorée-Bestände aufkaufen, ohne ging nichts mehr! Später habe ich dann erfahren, dass dieses in der Dunkelheit gezüchtete Gemüse sehr viel Folsäure enthält – genau das, was man als Schwangere benötigt!“

ZUBEREITUNG

1. Chicorée waschen, halbieren, den bitteren Strunk entfernen und quer in circa 2 cm breite Stücke schneiden.
2. Petersilie waschen, trocknen und fein hacken.
3. Zitronensaft, Petersilie, Argan- oder Walnussöl, Ahornsirup, Mandelmus, Salz und Pfeffer nach Geschmack in einem verschließbaren Glas schütteln oder mit einem Quirl aufschlagen.
4. Chicorée mit dem Dressing übergießen.
5. Walnüsse grob zerteilen und kurz in einer beschichteten Pfanne bei mittlerer Hitze rösten.
6. Pilze mit einem Pinsel abbürsten, nicht waschen, und von jeder Seite circa 3 Minuten im Raps- oder Sonnenblumenöl scharf anbraten.
7. Chicorée auf die Teller verteilen und mit Nüssen und Pilzen garnieren.

ZUTATEN

8 Chicorée
½ Bund glatte Petersilie
Saft von 1-2 Zitronen
circa 5 ml Argan- oder Walnussöl
1 TL Ahornsirup
2 TL Mandelmus
Salz, frischer Pfeffer
2 TL Raps- oder Sonnenblumenöl
20 Shiitakepilze
50–70 g Walnüsse

Tipp

Der feine Shiitakepilz enthält viel Eiweiß und das vor allem für Veganer wichtige Vitamin B12.

THAILÄNDISCHE FRÜHLINGSROLLEN

„Dieses Rezept war das erste, das ich im Fernsehen gekocht habe, bei keinem Geringeren als dem Begründer der TV-Kochshows: **Alfred Biolek.** Erst kurz vor der Sendung erfuhr er, dass ich Vegetarierin bin. Seine Reaktion: „Oje ... na wenigstens trinkt sie Rotwein!“

ZUTATEN

1 keine Packung getrocknete Tongu-Pilze
1 Packung Reispapier
1–2 frische Chilischoten
1 Stange Porree
1–2 Süßkartoffeln
2 Karotten
2–3 cm frischer Ingwer
3 mittelgroße Zwiebeln
1–2 Knoblauchzehen
100 g Sojasprossen
1 kleine Dose Bambussprossen
Sonnenblumenöl und Sesamöl
dunkle Sojasoße
trockener Sherry
Salz, frischer Pfeffer
1 Bund Koriandergrün
1 Eiweiß (optional)

ZUBEREITUNG

1 Tongu-Pilze 2 Stunden in lauwarmem Wasser einweichen.
2 Reispapier-Platten auslegen und mit etwas Wasser anfeuchten.
3 Chilischoten entkernen, Porree waschen, Süßkartoffeln, Karotten, Ingwer, Zwiebeln und Knoblauch schälen.
4 Alle Gemüse in kleine Würfel schneiden.
5 Die Sojasprossen waschen und trocknen, Bambussprossen abtropfen lassen.
6 Sonnenblumenöl im Wok oder in einer tiefen Pfanne erhitzen. Zuerst Ingwer, Knoblauch und Chili anbraten, dann Porree und Karotten zugeben.
7 Zum Schluss die abgetropften Tongu-Pilze, Zwiebeln, Süßkartoffeln, Soja- und Bambussprossen zugeben.
8 Gemüse etwa 5–10 Minuten dünsten, bis es „al dente“ ist, dann mit je einem Schuss Sojasoße und Sherry ablöschen.
9 Mit Salz und Pfeffer abschmecken, fein gehackte Korianderblätter dazugeben.
10 Kleine Portionen auf je ein Blatt Reispapier setzen. Kleine Röllchen drehen, Seiten einklappen. Ränder optional mit etwas Eiweiß bestreichen.
11 Wok oder Pfanne säubern, Sesamöl stark erhitzen. Frühlingsrollen darin unter mehrmaligem, vorsichtigem Wenden 5–7 Minuten knusprig braten.

Tipp

Besonders lecker mit Kürbischutney (S. 61).

4–6 Personen | Zubereitungszeit 40 Minuten plus 2 Stunden zum Einweichen der Pilze

Glutenfrei

Foto: Sandy Neumann

4 Personen | Zubereitungszeit 15 Minuten

TABOULEH

„Dieses Gericht stammt aus der **libanesischen Küche**. Meine Eltern bereisten Ägypten schon in den 50er-Jahren und brachten dieses Rezept mit nach Hause.
Es eignet sich nicht nur als Vorspeise, sondern auch als Zwischengericht oder als Beilage, zum Beispiel zum Tofu-Schnitzel (S. 100)."

ZUBEREITUNG

1 Couscous in eine Schale geben und mit circa 500 ml kochendem Wasser übergießen, mit geschlossenem Deckel circa 20 Minuten bei gelegentlichem Rühren ziehen lassen.

2 Die Kräuter waschen, trocknen und fein hacken, Oliven in Scheiben schneiden, dann unter den Couscous mischen.

3 Couscous mit Olivenöl, Zitronensaft, Knoblauch, Salz und Pfeffer verfeinern. Wenn das Tabouleh etwas durchziehen kann, schmeckt es noch besser!

4 Naturjoghurt oder Sojajoghurt dazu reichen.

ZUTATEN

250 g Couscous aus Dinkel, Emmer oder Buchweizen (glutenfrei)
½ Bund glatte Petersilie
½ Bund Koriandergrün
½ Bund Minze
100 g schwarze und grüne Oliven, entkernt
2 EL Olivenöl
Saft von ½–1 Zitrone
1 Knoblauchzehe
Salz, frischer Pfeffer
150 g Naturjoghurt oder Sojajoghurt

Tipp

Tabouleh schmeckt kalt oder warm. Sehr gut zur marinierten Gurke oder zum marinierten Kürbis (S.58).

Foto: Dirk Bartling

2 SUPPEN

Fotos: Dirk Bartling | Food Fotos: Sandy Neumann

Foto: Sandy Neumann

Für 4 Personen | Zubereitungszeit 10 Minuten plus 15–30 Minuten Kühlzeit

Glutenfrei

RUSSISCHE GAZPACHO

„**Ich liebe kalte Suppen einfach**. Diese hier schmeckt erdig, hat durch die Zitrone aber eine frische Note. Meine Mutter machte sie mit Hühnerbrühe und Ei, und so habe ich sie abgewandelt und eine vegane Version kreiert."

ZUBEREITUNG

1. Zwiebel schälen und fein hacken.
2. Rote Bete und Zwiebel mit der Brühe im Mixer pürieren.
3. Saure Sahne oder Sojajoghurt und Zitronensaft unterrühren.
4. Suppe mit Salz und Pfeffer abschmecken.
5. Die Gazpacho entweder circa 30 Minuten im Kühlschrank oder 15 Minuten im Tiefkühlfach kalt stellen.
6. Zimtbasilikumblätter waschen, trocknen und grob zupfen.
7. Die Gazpacho auf Teller verteilen und mit Basilikum und je 1 TL Hanfsamen dekorieren.

ZUTATEN

1 kleine Zwiebel
500 ml frische Gemüsebrühe (S. 60) oder Instantbrühe
500 g Rote Bete vorgekocht
150 g saure Sahne oder Sojajoghurt
Saft von 1–1½ Zitronen
Salz, frischer Pfeffer
pro Portion 8 Zimtbasilikum- oder Basilikumblätter
4 TL Hanfsamen

Tipp

Hanfsamen schmecken auch geröstet. Gesund und lecker auf Suppen, Salaten oder Müslis.

GEBRANNTE DINKELGRIESSUPPE
MIT SCAMORZA/TOFU

„Dieses Gericht basiert auf dem alten Rezept einer Brennsuppe, die ich aus Kindertagen kenne. Aus dieser Zeit stammt auch der süddeutsche Ausspruch: „**Der ist wohl auf der Brennsuppn daher gschwommen**“, ein geflügeltes Wort für eine Person aus einfachen, unkultivierten Verhältnissen.“

ZUTATEN

½ Stange Porree
1 Karotte
2–4 TL Sesamöl
80 g Dinkelgries
1 l frische Gemüsebrühe (S. 60) oder Instantbrühe
60–80 ml Weißweinessig
frischer Pfeffer
1 Prise Muskatnuss
2 Scheiben Scamorza/ Mozzarella oder
3 Scheiben Räuchertofu
1 EL helle Sojasoße
frische Petersilie

ZUBEREITUNG

1. Porree und Karotte waschen bzw. schälen und in kleine Würfel schneiden.
2. Sesamöl in einem tiefen Topf erhitzen, den Gries einstreuen und bei hoher Hitze unter dauerndem Rühren hellbraun anrösten. Mit der Brühe aufgießen.
3. Gemüse einstreuen und bei mittlerer Hitze mit geschlossenem Deckel 10 Minuten köcheln lassen.
4. Weißweinessig, Pfeffer und geriebenen Muskat hinzugeben. Unter Rühren weitere 5–10 Minuten köcheln lassen.
5. Vegetarisch: Käse in circa 1 cm große Würfel schneiden.
6. Gewaschene Petersilie klein hacken.
   Vegan: Tofu sehr klein würfeln, Sojasoße darübergeben und scharf anbraten, bis alle Würfel knusprig sind.
7. Die Suppe in Tassen füllen und mittig Käse/Tofu einstreuen. Mit ein wenig gehackter Petersilie servieren.

Foto: Sandy Neumann

4–6 Personen | Zubereitungszeit 25 Minuten

Für 4 Personen | Zubereitungszeit 20 Minuten

Glutenfrei

AVOCADO-VICHYSSOISE

„Die normale Vichyssoise ist eine kalte Kartoffellauchsuppe aus Frankreich. **Meine Mutter verwöhnte Gäste gerne** mit dieser eigenen Variation der Vichyssoise, da sie ‚etwas hermacht'. Die vegane Version überzeugt durch ihren samtigen Geschmack."

ZUBEREITUNG

1 Kartoffeln und Zwiebel schälen und würfeln.
2 Porree waschen und würfeln.
3 Kartoffeln, Zwiebel und Porree circa 10–15 Minuten in der Gemüsebrühe kochen.
4 Avocado schälen, würfeln und dazugeben.
5 Den Topf vom Herd nehmen und die Suppe pürieren.
6 Sahne oder Sojasahne, den Zitronensaft und etwas Pfeffer unterrühren.
7 Kräuter waschen, trocknen und hacken.
8 Die Suppe auf Teller verteilen und erst kurz vor dem Servieren mit den gehackten Kräutern garnieren.

ZUTATEN

500 g Kartoffeln
1 Zwiebel
2 Stangen Porree
1 l frische Gemüsebrühe (S. 60) oder Instantbrühe
2 reife Avocados
200 ml Sahne oder Sojasahne
Saft einer Zitrone
frischer Pfeffer
Basilikum und/oder Petersilie

Tipp

Sowohl **eisgekühlt** als auch warm ein Genuss.

ROTE-BETE-SUPPE MIT KARDAMOM UND GERÖSTETEN SONNENBLUMENKERNEN

„Eine samtige, erdige Suppe mit gerösteten Sonnenblumenkernen und dem **exotischen Gewürz Kardamom**, das ihr eine besondere geschmackliche Komponente verleiht.“

ZUTATEN

500 ml Wasser
200 g Rote Bete, roh oder vorgekocht
100 g Kartoffeln
1 mittelgroße Zwiebel
2 TL Sonnenblumenöl
1 EL Apfelsaft
1 gestr. TL Salz
1 TL Meerrettich
2 TL Apfelessig
½ TL Zuckerrübensirup
1 Msp. Kardamom gemahlen
2 EL Sonnenblumenkerne
Etwas Sahne oder Sojasahne (optional)

ZUBEREITUNG

1. Sollten Sie rohe Rote Bete haben, waschen und bürsten Sie sie und kochen sie in Essigwasser circa 20–30 Minuten al dente. Mit kaltem Wasser abschrecken und pellen. Vorsicht, sie färbt stark! Sie können auch vorgekochte Rote Bete verwenden.
2. Kartoffeln schälen und in Würfel schneiden, ebenso die Rote Bete.
3. Zwiebeln schälen und grob hacken.
4. Sonnenblumenöl in einem großen Topf erhitzen, Zwiebeln, Kartoffeln und Rote Bete darin leicht rösten.
5. Wasser, Apfelsaft, Salz, Meerrettich, Essig, Sirup und Kardamom dazugeben und 20–25 Minuten bei geringer Hitze köcheln.
6. Sonnenblumenkerne ohne Öl in einer beschichteten Pfanne rösten. Das geht recht schnell, man muss dabeibleiben und stetig rühren.
7. Suppe pürieren, auf den Tellern anrichten und mit Sonnenblumenkernen bestreuen. Optional mit Sahne oder Sojasahne verzieren.

Tipp

Mit vorgekochter Rote Bete schnell zubereitet.

4–6 Personen | Zubereitungszeit 35 Minuten
Glutenfrei

Foto: Sandy Neumann

Für 4 Personen | Zubereitungszeit 50 Minuten
Glutenfrei

RAJ´S DAL

„Während meiner **Ayurveda-Kur in Südindien** vor einigen Jahren kochte ein wahrer Meister namens Raj. Sein Dal macht zwar optisch nicht viel her, aber wenn man es probiert, offenbart sich eine unglaubliche Geschmacksexplosion auf der Zunge. Der Aufwand lohnt sich also!“

ZUBEREITUNG

1 Mung Dal waschen und in 1 l Wasser circa 20 Minuten kochen.
2 Tomaten waschen und klein schneiden.
3 Zwiebeln, Knoblauch und Ingwer schälen und klein schneiden, Chilischoten längs aufschneiden, entkernen und klein hacken.
4 Tomaten, eine der Zwiebeln, Knoblauch, Chili, Ingwer, Kardamom (ggf. aus den Kapseln entnehmen), Nelken, Curcuma, Zimtstange, Salz, ¾ des gewaschenen und getrockneten Koriandergrüns und einen knappen ½ l Wasser zu den Linsen geben und weitere 20 Minuten bei geringer Hitze köcheln.
5 Die Mung-Dal-Masse durch die Flotte Lotte passieren oder mit einem Kochlöffel durch ein Sieb streichen. Mit gezupften Curryblättern, Pfeffer, Chaat masala und Garam masala mischen, bei kleiner Hitze zurück auf den Herd stellen.
6 Ghee/Öl in einer kleinen Pfanne erhitzen und die Kreuzkümmelsamen mit der zweiten gehackten Zwiebel einige Minuten anrösten.
7 Pfanneninhalt unter das Dal mischen und mit restlichem gehackten Koriandergrün bestreut servieren.

ZUTATEN

400 g Mung Dal geschält
400 g Tomaten
2 große Knoblauchzehen
2–3 cm frischer Ingwer
2 Zwiebeln
1 Chilischote
3 Kardamomkapseln oder
½ TL Kardamom gemahlen
4 Gewürznelken
Salz, frischer Pfeffer
1 Zimtstange
2 TL Curcuma/Tumerik
1 Bund Koriandergrün
4–6 Curryblätter, frisch oder getrocknet
je 1 geh. TL Chaat masala und Garam masala
2 TL Ghee oder neutrales Öl
1 TL Kreuzkümmelsamen (Cumin)

Tipp

Eignet sich sowohl als Vorspeise wie auch als Hauptgericht, ähnlich einem Eintopf.

ZUCCHINI-KALTSCHALE

„Was soll ich sagen? Dies ist auch eine meiner **Lieblingssuppen von meiner Mutter**, die ich zu einer vegetarischen und veganen Version umgewandelt habe.
Sie erhält besonderen Charme durch die Kombination von süß-säuerlichem Apfelmus und der Schärfe des Currys."

ZUTATEN

4 mittelgroße Zucchini
1 l frische Gemüsebrühe (S. 60) oder Instantbrühe
3 mittelgroße Knoblauchzehen
200 g Apfelmus
3 TL mittelscharfes Currypulver
¼ l Sahne oder Sojasahne
Salz, frischer Pfeffer
1 Bund Basilikum

ZUBEREITUNG

1. Zucchini waschen, halbieren und in grobe Würfel schneiden.
2. Zucchini circa 15–20 Minuten in der Gemüsebrühe kochen.
3. Die Suppe vom Herd nehmen und pürieren.
4. Knoblauch schälen, pressen und in die Suppe geben.
5. Apfelmus, Curry, Sahne, Salz und Pfeffer dazugeben.
6. Die Suppe 30 Minuten kalt stellen.
7. Basilikum waschen, fein hacken und die Suppe damit dekorieren.

Tipp

Schmecken Sie die Suppe vor dem Servieren erneut ab. Durch die Kühlung verändert sich der Geschmack.

4 Personen | Zubereitungszeit 20 Minuten plus 30 Minuten Kühlzeit
Glutenfrei

Foto: Sandy Neumann

Für 4 Personen | Zubereitungszeit 30 Minuten

Glutenfrei

KOHLRABISUPPE
MIT KOKOSMILCH UND WASSERKASTANIEN

„Diese Kombination würde man wohl **eurasisch** nennen: unser deutsches Gemüse Kohlrabi, das ich übrigens auch gerne roh knabbere, kombiniert mit Kokosmilch und meinen geliebten Wasserkastanien."

ZUBEREITUNG

1. Kohlrabi schälen und in Würfel schneiden.
2. Wasser und Kokosmilch zusammen in einem großen Topf 3 Minuten aufkochen.
3. Kohlrabi hinzugeben und auf mittlerer Hitze circa 15–20 Minuten kochen.
4. Inzwischen Zitrone pressen, Knoblauch schälen und fein hacken.
5. Fett in einer Pfanne erhitzen und abgetropfte Wasserkastanien darin unter ständigem Rühren circa 5 Minuten anbraten.
6. Pfanne von der Platte nehmen, etwas abkühlen lassen, Salz und Knoblauch hinzufügen.
7. Kohlrabisuppe pürieren und mit Salz, Zitronensaft und Pfeffer würzen.
8. Wasserkastanien aus der Pfanne nehmen und zusammen mit dem Knoblauch in die Suppenteller geben.
9. In derselben Pfanne die Kokosflocken ohne Extrafett rösten, bis sie hellbraun sind.
10. Suppe in die Teller zu den Wasserkastanien füllen und mit Kokos- und Chilifäden bestreuen.

ZUTATEN

2–3 Kohlrabi
600 ml Wasser
1 kleine Dose Kokosmilch
Saft einer halben Zitrone
1–2 Knoblauchzehen
2 EL Kokosfett (oder Bratöl)
24 Wasserkastanien
(1 kleine Dose)
Salz, (Zitronen-)Pfeffer
2–3 EL Kokosflocken
Chilifäden zur Dekoration

Tipp

Diese außergewöhnliche Suppe überzeugt auch Kohlgegner.

SALMOREJO

„Diese **wunderbar leichte spanische Suppe** schmeckt am allerbesten, wenn Amie, die Köchin meiner Verwandtschaft in Andalusien, sie kocht. Sie hat mich in das Geheimnis der guten Zubereitung eingeweiht. Danke dafür!
Diese Suppe ist die unbekannte Schwester der Gazpacho, steht ihr im Geschmack aber in nichts nach."

ZUTATEN

2 kg reife Tomaten
2 große Knoblauchzehen
200 g Weißbrot mit Kruste, Pan de Telera oder Ciabatta
150 ml Olivenöl extra virgine
50 ml Weißweinessig
2 EL Salz
100–200 g Räuchertofu nach Gusto
1–2 EL Raps- oder Sonnenblumenöl
2 hart gekochte Eier (optional)

ZUBEREITUNG

1. Tomaten waschen, in grobe Würfel schneiden und in eine große Schüssel geben.
2. Knoblauch schälen, pressen und dazugeben.
3. Zwei Scheiben Brot zur Seite legen, den Rest grob würfeln und mit Olivenöl (1 EL aufheben), Weißweinessig und Salz unter die Tomaten rühren, sodass das Brot gut durchfeuchtet. Dann 30 Minuten kalt stellen.
4. Räuchertofu in 1 cm große Würfel schneiden, Raps- oder Sonnenblumenöl in einer Pfanne erhitzen, den Tofu darin sehr kross anbraten.
5. Die Tomaten-Brot-Masse pürieren, dann durch die Flotte Lotte passieren oder mit einem Kochlöffel durch ein Sieb streichen und weitere 30 Minuten kalt stellen.
6. 1 EL Olivenöl in einer Pfanne erhitzen, die restlichen beiden Brotscheiben klein würfeln und rösten.
7. Suppe mit Brot- und Tofuwürfeln und optional gewürfelten Eiern als separate Einlage servieren.

Tipp
Eiskalt schmeckt sie am besten.

4 Personen | Zubereitungszeit 15 Minuten plus 60 Minuten Kühlzeit

Foto: Sandy Neumann

Für 4 Personen | Zubereitungszeit 15 Minuten plus 15–30 Minuten Kühlzeit

ANDALUSISCHE GAZPACHO

„Meine Eltern lebten viele Jahre in Spanien und so lernte ich dort diese wunderbare kalte Suppe kennen und lieben. Zuerst war sie etwas ungewohnt, aber ich war schnell begeistert von dieser **frischen, vitaminreichen und kalorienarmen Gemüsesuppe.** Ein Genuss, besonders an heißen Tagen!“

ZUBEREITUNG

1. Tomaten bis auf zwei waschen und vierteln. 2 der Tomaten beiseitelegen.
2. Gurke waschen und in große Stücke schneiden. 1/4 der Gurke unbehandelt beiseitelegen.
3. Paprika waschen und in große Stücke schneiden. 1/2 Paprika unbehandelt beiseitelegen.
4. Zwiebeln schälen und würfeln. 1/2 Zwiebel unbehandelt beiseitelegen.
5. Alle geschnittenen Gemüse mit zwei Scheiben Toast, Weißweinessig, 1 EL Olivenöl, Salz, Pfeffer und 1/2 Liter Wasser im Mixer pürieren. Je nach Größe des Mixers, in zwei Portionen unterteilen.
6. Die Gazpacho entweder 30 Minuten im Kühlschrank oder 15 Minuten im Tiefkühlfach kühlen.
7. In der Zwischenzeit die zur Seite gelegten Gemüse in kleine Würfel schneiden und einzeln in Schalen füllen.
8. 2 EL Olivenöl in der Pfanne erhitzen, die restlichen 3 Scheiben Toast würfeln und rösten. Dann in eine Schale füllen.
9. Optional Eiswürfel in die Suppe geben.
10. Am Tisch kann jeder die Gazpacho mit den verschiedenen Toppings individuell anreichern.

ZUTATEN

800 g reife Tomaten
1 große Bio-Salatgurke
2 rote Paprika
2 kleine Zwiebeln
5 Scheiben Dinkeltoast
100–125 ml Weißweinessig
Salz, frischer Pfeffer
3 EL Olivenöl

Tipp

Die Gazpacho eignet sich für Gäste, da sie sich gut vorbereiten lässt.

KARTOFFELSUPPE MIT GERÖSTETEN MANDELN UND ROSA BEEREN

„Bei dieser wärmenden Suppe habe ich dem erdigen Geschmack der Kartoffeln noch eine besondere Note hinzugefügt. Mit den gerösteten Mandeln und den Rosa Beeren entfaltet sich ein ganz neues Geschmackserlebnis im Mund. Es ist die **Lieblingssuppe meines jüngeren Sohnes**."

ZUTATEN

350 g Kartoffeln
1 mittelgroße Zwiebel
550 ml Wasser
1 gestr. TL Salz
1 TL Sonnenblumenöl
1 Msp. Cucurma
1 TL Mandelöl
30 g Mandelstifte
1 TL Rosa Beeren (Rosa Pfeffer)
frischer Pfeffer
Sahne oder Sojasahne (optional)

ZUBEREITUNG

1. Kartoffeln und Zwiebel schälen, würfeln und 15–20 Minuten in 550 ml Wasser kochen.
2. Salz, Sonnenblumenöl und Curcuma dazugeben.
3. Die Suppe pürieren.
4. Mandelöl in einer Pfanne erhitzen und die Mandelstifte leicht braun rösten.
5. Die Suppe mit frischem Pfeffer und gegebenenfalls Sahne abschmecken, auf Teller verteilen und mit gerösteten Mandelstiften und Rosa Beeren garnieren.

Tipp

Kocht man die doppelte Menge und reicht ein gutes Vollkornbrot dazu, eignet sie sich auch ideal als Hauptspeise.

Für 4 Personen | Zubereitungszeit 30 Minuten

Glutenfrei

Foto: Dirk Bartling

3 SNACKS & EXTRAS

Fotos: Dirk Bartling

MARINIERTE GURKE

Herrlich als Vorspeise mit Ciabatta oder als Beilage.

ZUTATEN

1 EL brauner Zucker
100 ml Wasser
125 ml Weißwein trocken
125 ml Weißweinessig
1 Sternanis
1 Lorbeerblatt
4 Wacholderbeeren
2 Pimentbeeren
1 Salatgurke

ZUBEREITUNG

1. Zucker in einer Pfanne erhitzen, karamellisieren und rasch mit circa 100 ml Wasser ablöschen.
2. Weißwein, Gewürze und Essig nach und nach dazugeben.
3. Marinade bei kleiner bis mittlerer Hitze mit geschlossenem Deckel circa 20 Minuten einkochen.
4. In der Zwischenzeit die Gurke schälen, halbieren und von den Kernen befreien.
5. Gurke längs zu breiten, dünnen Streifen schneiden.
6. Gurkenstreifen in eine Schale geben und mit dem eingekochten Sud übergießen.
7. Mindestens 30 Minuten zugedeckt ziehen lassen. Ab und zu umrühren.

Für 4 Personen | Zubereitungszeit 30 Minuten plus 30 Minuten Marinier-Zeit | **Glutenfrei**

MARINIERTER KÜRBIS

Köstlich in Kombination mit marinierten Gurken und Kürbischutney (S. 61).

ZUTATEN

200–300 g Butternut-Kürbis (oder Hokkaido-Kürbis ungeschält)
1–2 EL brauner Zucker
100 ml Wasser
2 TL Zitronenöl
125 ml Weißweinessig
Salz

ZUBEREITUNG

1. Kürbis schälen, in sehr feine Scheiben schneiden und in eine Schale geben.
2. Zucker in einer Pfanne erhitzen, karamellisieren und rasch mit circa 100 ml Wasser ablöschen.
3. Zitronenöl, Essig und Salz dazugeben und circa 5 Minuten bei kleiner bis mittlerer Hitze mit geschlossenem Deckel einkochen.
4. Den eingekochten Sud über die Kürbisstreifen geben und mindestens 30 Minuten zugedeckt ziehen lassen. Ab und zu umrühren.

Für 4 Personen | Zubereitungszeit 15 Minuten plus 30 Minuten Marinier-Zeit | **Glutenfrei**

SCHNELLE TASCHEN

Ein Genuss mit gemischtem Salat.

ZUTATEN

4 quadratische Dinkelblätterteigplatten
6 EL eines der drei Chutneys (S. 61, 62, 63)
200–250 g Tofu oder Feta

ZUBEREITUNG

1. Ofen nach Packungsanleitung des Blätterteigs vorheizen.
2. Blech mit Backpapier auslegen und Blätterteigplatten darauf platzieren, leicht antauen lassen.
3. Tofu oder Feta klein würfeln.
4. Je 1,5 EL Chutney und Tofu/Feta in die Mitte der Blätterteigplatten setzen.
5. Die Ecken der Teigplatten zusammenführen, sodass quadratische Päckchen entstehen. Ränder gut zusammendrücken.
6. Teigtaschen circa 15 Minuten nach Packungsanleitung des Blätterteigs mittig im Ofen backen.

Für 4 Personen | Zubereitungszeit 20 Minuten

MEINE LIEBLINGSSALATSOSSE

Lässt sich gut im Kühlschrank im verschlossenen Glas aufbewahren.

ZUTATEN

1 TL Senf, mittelscharf bis scharf
1 TL Ahornsirup
2 EL Balsamico dunkel
3 EL Olivenöl, kalt gepresst
Salz, frischer Pfeffer

ZUBEREITUNG

1. Senf, Ahornsirup, Salz und Pfeffer verrühren.
2. Balsamico unterrühren, das Olivenöl nach und nach unter Rühren dazugeben, sodass eine cremige Konsistenz entsteht.
3. Erneut abschmecken und über den Salat geben.

Zubereitungszeit 5 Minuten | Glutenfrei

FRISCHE GEMÜSEBRÜHE

Die Brühe lässt sich einige Tage im Kühlschrank aufbewahren oder auch einfrieren.

ZUTATEN

1 große Zwiebel
2 rote und 1 gelbe Paprika
1 Stange Porree
½ Sellerie
4 Karotten
3 Petersilienwurzeln
3 Lorbeerblätter
10 Pfefferkörner
5 Wacholderbeeren
5 Korianderkörner
½ Muskatnuss gerieben
1 Bund Petersilie oder Kerbel
1 l Wasser
Salz, frischer Pfeffer

ZUBEREITUNG

1. Zwiebel halbieren und in einem trockenen Topf, mit höchstens einigen Tropfen Sonnenblumenöl leicht anbraten.
2. Alle Gemüse waschen, Karotten, Sellerie und Petersilienwurzel schälen.
3. Paprika, Porree, Sellerie, Karotten und Petersilienwurzeln grob würfeln, Petersilie grob hacken.
4. Alle Zutaten bis auf Salz und Pfeffer in einem großen Topf mit 1 l kaltem Wasser bei geschlossenem Deckel auf höchster Temperatur zum Kochen bringen.
5. Herd dann auf kleine Hitze zurückdrehen und die Zutaten circa 45–60 Minuten (im Schnellkochtopf 20–30 Minuten) köcheln lassen.
6. Topfinhalt durch ein Sieb gießen, die Brühe auffangen. Alle Gemüse mit einem Kochlöffel durch das Sieb streichen, die Flüssigkeit auffangen und zur Brühe geben.
7. Brühe mit Salz und optional Pfeffer abschmecken.

Zubereitungszeit 15 Minuten plus 45 Minuten Kochzeit | **Glutenfrei**

GERÖSTETE KAPERN

Schmackhafte Zugabe zu Salaten, Suppen oder Bruschetta.

ZUTATEN

Kapern (Menge nach Wunsch)
Soja-, Raps- oder Sonnenblumenöl

ZUBEREITUNG

1. Öl in einer Pfanne erhitzen.
2. Kapern abgießen und mit einem Küchenkrepp trocknen.
3. Kapern in das heiße Öl geben und unter Rühren circa 5 Minuten leicht braun anbraten.
4. Kapern aus der Pfanne nehmen und überschüssiges Öl auf ein Küchenkrepp abtropfen.

Zubereitungszeit 7 Minuten | **Glutenfrei**

CHILINÜSSE

Sie eignen sich als Snack oder als Topping für Salate und andere Gerichte.

ZUTATEN

1–2 rote Chilischoten
50–100 g Erdnüsse geschält
1–3 TL Reissirup oder
1–2 TL Honig
Salz

ZUBEREITUNG

1. Chilischoten längs aufschneiden, entkernen und so klein wie möglich hacken.
2. Erdnüsse in einer beschichteten Pfanne ohne Öl kurz leicht braun anrösten.
3. Den Herd auf mittlere Hitze schalten, Chili unterrühren und kurz mitbraten.
4. Hitze reduzieren oder nur die Restwärme der Herdplatte nutzen. Salz und Reissirup oder Honig unterrühren.
5. Die Nüsse auf ein Backpapier schütten, verteilen und auskühlen lassen.

Zubereitungszeit 10 Minuten | Glutenfrei

KÜRBIS-CHUTNEY
MIT KOKOSNUSS UND CHILI

Angewärmt, mit einem Schuss Sahne, macht es auch als Nudelsoße echt was her!

ZUTATEN

500 g Hokkaido-Kürbis ungeschält
3 mittelgroße Zwiebeln
1–2 TL Rapsöl
300 g Kokosmilch
1 getrocknete Chilischote
2 EL Zuckerrübensirup
1 TL Salz
geriebene Schale von ½ Zitrone
2 ½ TL Zitronensaft

ZUBEREITUNG

1. Hokkaido-Kürbis waschen, Kerne und Fäden innen entfernen und in circa 2 x 2 cm große Würfel schneiden.
2. Zwiebeln schälen und hacken.
3. Rapsöl im Topf erhitzen und die Zwiebeln darin glasig dünsten.
4. Kürbis und Kokosmilch dazugeben, und aufkochen lassen.
5. Chilischote klein hacken, zusammen mit Zuckerrübensirup, Salz und der geriebenen Schale einer halben Zitrone in den Topf geben und bei mittlerer Hitze 45 Minuten köcheln lassen.
6. Etwas Wasser dazugeben, falls das Chutney zu trocken wird oder ansetzt.
7. Sollten die Kürbisstücke nach 45 Minuten nicht zerfallen sein, können sie leicht püriert werden.
8. Zitronensaft unterrühren und das Chutney abkühlen lassen. Erneut abschmecken.

Zubereitungszeit 20 Minuten plus 45 Minuten Kochzeit | Glutenfrei

GRÖSTL

Als Topping für Salate oder Suppen.

ZUTATEN

100 g Champignons
50 g Haselnüsse
½ Bund glatte Petersilie
Raps-, Soja- oder Sonnenblumenöl
1–2 EL Sojasoße
frischer Pfeffer

ZUBEREITUNG

1. Pilze putzen und mit Nüssen und Petersilie möglichst klein hacken.
2. 1–2 EL Öl in der Pfanne erhitzen und die Pilze circa 10–15 Minuten scharf anbraten, bis sie leicht kross und dunkel sind, mit 1–2 EL Sojasoße ablöschen.
3. Gehackte Nüsse dazugeben und weitere 2–3 Minuten braten.
4. Pfanneninhalt in eine Schale füllen, sofort die Petersilie unterrühren und optional mit etwas Pfeffer verfeinern.

Zubereitungszeit 20 Minuten | Glutenfrei

ZWIEBEL-CRANBERRY-CHUTNEY

Hervorragend zu Braten, Tofu, Käse oder Brot.

ZUTATEN

500 g Zwiebeln
1–2 EL Rapsöl
150 ml Apfelsaft
150 ml Wasser
½ TL Cayennepfeffer
1 TL gelbe Senfkörner
½ TL Paprikapulver süß
1 TL Salz
1 geh. TL scharfer Senf
1 Msp. Zimt
80 g getrocknete Cranberrys

ZUBEREITUNG

1. Zwiebeln schälen und in kleine Würfel hacken.
2. Rapsöl in einem Topf erhitzen, die Zwiebeln dazugeben und glasig dünsten.
3. Wasser, Apfelsaft, Cayennepfeffer, Senfkörner, Paprika, Senf und Zimt hinzugeben und das Chutney 45 Minute unter gelegentlichem Umrühren bei mittlerer Hitze köcheln lassen. Etwas Wasser dazugeben, falls das Chutney zu trocken wird oder ansetzt.
4. Cranberrys unterrühren und den Sud weitere 40 Minuten bei mittlerer Hitze köcheln lassen.
5. Chutney abkühlen lassen und erneut abschmecken, es soll ein süßlich-scharfer Geschmack entstehen.

Zubereitungszeit 10 Minuten plus 85 Minuten Kochzeit | Glutenfrei

BIRNEN-STAUDENSELLERIE-CHUTNEY

ZUTATEN

250 g Staudensellerie
750 g Birnen
50 g getrocknete Tomaten in Öl
1,5 EL Rapsöl
225 ml Apfelsaft
30 ml Apfelessig
30 ml Wasser
1,5 EL Zuckerrübensirup
2 geh. EL Mohn
1 gestr. TL Salz
½ gestr. TL Zitronenpfeffer
15 g Maisstärke

ZUBEREITUNG

1. Staudensellerie waschen, das Ende der Stange abschneiden und dabei die harten Fäden von der Stange abziehen. Sellerie quer in schmale Streifen schneiden.
2. Birnen schälen, entkernen und in circa 1 x 1 cm große Würfel schneiden.
3. Eingelegte Tomaten in kleine Würfel schneiden.
4. Rapsöl in einem Topf erhitzen, Birnen und Sellerie kurz darin anschwitzen.
5. Apfelsaft und -essig, Wasser, Rübensirup und Mohn dazugeben und unter gelegentlichem Rühren bei mittlerer Hitze circa 40 Minuten köcheln lassen.
6. Salz, Zitronenpfeffer und Tomaten dazugeben, das Chutney je nach Wunsch etwas mit Maisstärke eindicken und kurz aufkochen lassen.

Zubereitungszeit 15 Minuten plus 45 Minuten Kochzeit | **Glutenfrei**

BROCCOLI-TOPPING

Eignet sich als Topping oder als gesunde Snack-Alternative .

ZUTATEN

300 g Broccoli
4 TL Kapern
2 EL Kürbiskerne
Schale und Saft von ½ Zitrone
2 EL Olivenöl
Salz, frischer Pfeffer
2 TL süße Sojasoße

ZUBEREITUNG

1. Backofen auf 200 Grad vorheizen.
2. Broccoli waschen und die Röschen abteilen. Das Ende des Strunks abschneiden, schälen und in Scheiben schneiden. Broccoli in einer Schale mit Kapern und Kürbiskernen füllen.
3. Zitrone waschen, die Schale einer halben Zitrone reiben, mit dem Saft der halben Zitrone, Olivenöl, Salz, Pfeffer und Sojasoße mischen.
4. Diese Soße unter Broccoli, Kapern und Kürbiskerne rühren.
5. Zutaten auf einem mit Backpapier ausgelegten Blech verteilen und circa 15 Minuten bei 200 Grad backen. Gelegentlich wenden.

Zubereitungszeit 20 Minuten | **Glutenfrei**

Foto: Dirk Bartling

Fotos: Dirk Bartling | Food Fotos: Sandy Neumann

4 HAUPT-GERICHTE

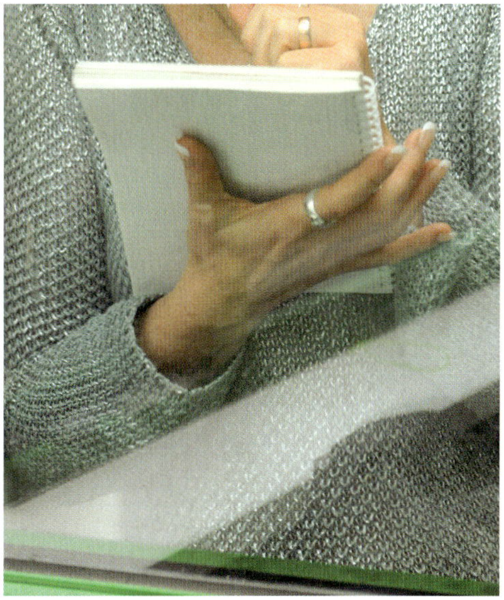

Für 4 Personen | Zubereitungszeit 20 Minuten

PENNE IN TOMATEN-KOKOS-SUGO

„**Nudeln machen glücklich** - auch meine Familie und mich. In diesem Gericht verbinden sich die köstlichen Geschmäcke Italiens und Asiens. Es ist entstanden, als ich im Urlaub mit wenigen, noch verbliebenen Zutaten improvisieren musste - so entstehen ja oft die besten Ideen."

ZUBEREITUNG

1 Zwiebel und Knoblauch schälen und fein hacken.

2 Olivenöl in einer tiefen Pfanne oder einem flachen Topf nicht zu heiß werden lassen, Zwiebel- und Knoblauchstücke darin glasig dünsten.

3 Zimt, Zucker und Kardamom dazugeben. Hierfür die Kardamomkapseln öffnen und die inneren Beeren entnehmen.

4 Tomaten und Kokosmilch dazugeben und das Sugo 10 Minuten bei hoher Temperatur kochen lassen.

5 Wasser für die Nudeln aufsetzen, circa 1 EL Salz in das kochende Wasser geben, Nudeln nach Packungsanleitung al dente kochen.

6 Das Sugo bei mittlerer Hitze 10 Minuten leicht köcheln lassen und mit Gomasio, Sojasoße und Pfeffer würzen. Eventuell leicht salzen.

7 Sollte das Sugo zu dünnflüssig sein, kann es mit 1-2 TL Mandelmus angedickt werden, gehacktes Koriandergrün dazugeben.

8 Soße in einer Schüssel über die abgegossenen Penne geben. Je nach Geschmack mit Gomasio bestreuen.

ZUTATEN

1 Zwiebel
2 Knoblauchzehen
1 EL Olivenöl
1 TL Zimt
1 TL Zucker
2 Kardamomkapseln
2 kleine Dosen gehackte Tomaten
1 Dose Kokosmilch
500 g Dinkel-Penne
Salz, frischer Pfeffer
1-2 EL Sojasoße
1 EL Gomasio
1 Bund Koriandergrün gehackt
1-2 TL Mandelmus (optional)

Tipp

Mit Chili-Nüssen servieren (S. 60)

CAPONATA MIT GEBACKENEM FETA ODER GEBRATENEM OLIVENTOFU

„Ich mache die Caponata mit Kakao, das gibt ihr eine süß-bittere Note. Dieses **wundervolle Rezept** stammt von meiner Mama, die es als kalte Antipasti serviert hat."

ZUTATEN vegetarisch

600 g Auberginen
6 EL Olivenöl
1 Zwiebel
3 Stangen Staudensellerie
600 g geschälte Tomaten
180–200 g Feta
Salz, frischer Pfeffer
1 Zweig Rosmarin
1 TL Olivenöl
2 EL Rotwein- oder Balsamicoessig
2 TL Zucker oder 1 Prise Stevia
4 TL Kakaopulver
60 g schwarze Oliven, entkernt
60 g Kapern
1 kl. Bund glatte Petersilie

ZUTATEN vegan

600 g Auberginen
250 g Oliventofu
Saft von ½ Zitrone
3 EL helle Sojasoße
6 EL Olivenöl
1 Zwiebel
3 Stangen Staudensellerie
600 g geschälte Tomaten
2 EL Rotwein- oder Balsamicoessig
2 TL Zucker oder 1 Prise Stevia
Salz, frischer Pfeffer
4 TL Kakaopulver
60 g schwarze Oliven, entkernt
60 g Kapern
1 kl. Bund glatte Petersilie

ZUBEREITUNG

1 Auberginen schälen, in circa 2 x 2 cm große Würfel schneiden, in eine Schüssel geben, salzen und 45 Minuten bedeckt ziehen lassen.

2 Vegan: Den Oliventofu in 4 Scheiben schneiden, Zitronensaft mit 3 EL Sojasoße mischen und den Tofu damit marinieren. Einen kleinen Teil der Marinade beiseitestellen.

3 Zwiebel und Sellerie schälen und in schmale Scheiben schneiden.

4 Ofen auf 150 Grad vorheizen.

5 Olivenöl in einem großen Topf erhitzen, die Auberginen abgießen und circa 10 Minuten scharf anbraten, dann herausnehmen, beiseitestellen.

6 Im selben Topf Olivenöl erhitzen, die Zwiebel und Sellerie circa 10 Minuten darin andünsten.

7 Die geschälten Tomaten dazugeben und 10 Minuten köcheln lassen.

8 Vegetarisch: Feta halbieren und beide Stücke mit etwas Salz, Pfeffer und Rosmarin würzen, mit jeweils ½ TL Olivenöl beträufeln und in Alufolie wickeln. Circa 15 Minuten bei 150 Grad backen.

9 Sellerie und Tomaten mit Rotweinessig oder Balsamico, Zucker oder Stevia, Kakao, Salz und Pfeffer würzen.

10 Zum Schluss Kapern, Oliven (ganz oder halbiert) und die Auberginen dazugeben und circa 10–15 Minuten köcheln lassen.

11 Vegan: Oliventofu von beiden Seiten je circa 3 Minuten in Olivenöl anbraten, dann mit dem Rest der Marinade bestreichen.

12 Petersilie waschen, hacken und vor dem Servieren unterrühren. Die Caponata mit geöffneten Fetapäckchen oder Tofu servieren.

Tipp

Lecker mit frischem Vollkornbaguette oder Kartoffeln.

Für 4 Personen | Zubereitungszeit 50 Minuten plus 45 Minuten Ruhezeit
Glutenfrei

Foto: Sandy Neumann

Für 4 Personen | Zubereitungszeit 20 Minuten

Glutenfrei je nach Beilage

AUSTERNPILZE MIT STANGENSELLERIE

„Dieses frische Gericht wird auch Sellerieverächter überzeugen, da der Staudensellerie einen ganz anderen Geschmack hat und gemeinsam mit den bissfesten Austernpilzen auch bei **fleischaffinen Essern gut ankommt**. Meine Jungs lieben dieses Gericht vor allem mit Dinkel.“

ZUBEREITUNG

1. Dinkel oder Vollkornreis nach Packungsanleitung aufsetzen.
2. Staudensellerie waschen, putzen und in 1 cm breite Stücke schneiden, das Grün später als Deko nutzen.
3. Zwiebel schälen, halbieren und in dünne Scheiben schneiden.
4. Pilze putzen, nicht waschen, und in circa 1–2 cm breite Streifen schneiden.
5. Öl in einer Pfanne erhitzen und die Pilze darin bei hoher Temperatur scharf anbraten.
6. Dann die Hitze reduzieren und Zwiebeln und Stangensellerie beigeben.
7. Alles mit etwas Salz, Pfeffer und Koriander würzen. 3 Minuten unter gelegentlichem Rühren anbraten.
8. Zitronensaft zugeben und weitere 3–5 Minuten bei niedriger Hitze braten lassen. Sellerie soll noch bissfest sein.
9. Sahne kurz vor dem Servieren unterrühren und mit Selleriegrün dekorieren.
10. Mit Dinkel oder Vollkornreis servieren.

ZUTATEN

Dinkel, schnellkochend,
oder Vollkornreis (glutenfrei)
1 Bund Stangensellerie
1 große Zwiebel
250 g Austernpilze
1 EL Raps- oder
Sonnenblumenöl
Salz, Zitronenpfeffer
1-2 TL gemahlener
Koriander
Saft von ½ Zitrone
100–150 ml Soja- oder
Hafersahne

Tipp

Der Austernpilz beinhaltet viel Eiweiß sowie alle lebensnotwendigen Aminosäuren, viele Mineralstoffe und Vitamine der B-Gruppe, die man sonst nur in Fleisch findet.

LINSENEINTOPF MIT GEMÜSE UND KORIANDER

„Dies ist mein **Lieblingswintereintopf**. Er wärmt, liefert viel Eiweiß und schmeckt durch den Koriander einfach etwas anders als ein normaler Linseneintopf. Selbst mein Mann, für den Linsensuppen ein Kindheitstrauma waren, isst ihn gerne.“

ZUTATEN

250 g braune Linsen
2 mittelgroße Kartoffeln
2 Karotten
100–150 g Sellerie
1 kl. Stange Porree
2 Knoblauchzehen
2 EL Tomatenmark
1 l Wasser
Salz
5 EL dunkler Balsamico
1 EL Ahornsirup
1–2 TL Koriander
Joghurt oder Sojajoghurt
Currypulver

ZUBEREITUNG

1. Linsen waschen.
2. Kartoffeln, Karotten und Sellerie waschen, schälen und in kleine Würfel schneiden.
3. Porree sorgfältig waschen, nur den hellen Teil halbieren und in Scheiben schneiden.
4. Knoblauch schälen und durch eine Presse in eine Schale drücken.
5. Linsen und das Gemüse mit 2 EL Tomatenmark in einem Liter Wasser zum Kochen bringen und zugedeckt circa 15 Minuten köcheln lassen.
6. Dann Salz, Koriander, Knoblauch, Ahornsirup und Balsamico dazugeben und weitere 5 Minuten köcheln lassen.
7. Eintopf auf die Teller verteilen und jeweils mit Joghurt und Currypulver toppen.

Tipp

Salz erst am Schluss zu den Linsen geben, da sie sonst länger kochen müssen.

Foto: Sandy Neumann

4 Personen | Zubereitungszeit 30 Minuten

Glutenfrei

Für 4 Personen | Zubereitungszeit 60 Minuten

MALAIKOFTA

„Dies ist ein **Highlight der indischen Küche** und das Lieblingsessen meines Sohnes. Es ist etwas aufwendig zuzubereiten, lohnt sich aber immer wieder!“

ZUBEREITUNG

1. Das Tomatenpüree zusammen mit Curcuma, entkernten Chilischoten und Koriander in einem Topf 20–30 Minuten köcheln lassen.
2. Toastscheiben ohne Rinde 3 Minuten in Wasser einweichen, danach ausdrücken.
3. Kartoffeln kochen, pellen und zerstampfen, Paneer oder Tofu ganz klein schneiden oder pürieren.
4. Cashewnüsse, Rosinen und Cocktailkirschen klein hacken, zusammen mit Toast, Kartoffeln und Paneer/Tofu gut durchkneten.
5. 1–2 EL Mehl dazugeben, aus der Masse 16 Kugeln formen und im restlichen Mehl wenden.
6. Rapsöl in einem Topf erhitzen, Zwiebeln schälen, klein hacken und andünsten. Optional weiteres Chili dazugeben.
7. Tomaten klein schneiden und zu den Zwiebeln geben. Zusammen mit Zimt, Kardamom, klein gehacktem Ingwer und Knoblauch kurz aufkochen und dann circa 10–15 Minuten auf kleiner Flamme köcheln lassen.
8. Rapsöl oder Kokosfett in einem Wok oder einer Fritteuse erhitzen, die Kugeln darin frittierten und auf Küchenpapier abtropfen lassen.
9. Tomatenpüree zur Tomaten-Zwiebels-Soße geben. Mit Chaat masala, Zucker und Salz abschmecken. Cashewmus oder Sojasahne unterrühren.
10. Die frittierten Kugeln unter die Soße heben und noch einmal warm werden lassen, nicht kochen! Kurz vor dem Servieren mit gehacktem Koriandergrün verzieren.

ZUTATEN

300 g Paneer oder Tofu
300 g mehlig kochende Kartoffeln mit Schale
60 g gehackte Cashewnüsse
30–40 g Rosinen
30 g Cocktailkirschen
3 Scheiben Dinkeltoast
200–300 ml Rapsöl oder Kokosfett
4–6 EL Dinkelmehl
1 Flasche Tomatenpüree (circa 720 g)
2 TL Curcuma/Tumerik
2 Chilischoten
2 TL gemahlener Koriander
2 kleine Zwiebeln
3–4 Fleischtomaten
1 Zimtstange oder
2 TL Zimtpulver
½ TL Kardamompulver
1–2 Knoblauchzehen
circa 2 cm Ingwer
1 ½ TL Chaat masala
2 TL Zucker oder
1 Msp. Stevia
2 TL Salz
1 EL Cashewmus oder
50 ml Sojasahne
½ Bund Koriandergrün (optional)

Tipp

Mit Basmatireis und/oder Chapati servieren.

MOLE POBLANO MIT TEMPEH

„Dieses bei uns noch recht unbekannte **mexikanische Gericht** verbindet Schärfe mit der Süße von Schokolade. Ich kenne es noch aus meiner Kindheit, wenn meine Mutter es zu besonderen Anlässen kochte. Statt wie damals mit Hühnchen, bereite ich es heute mit Tempeh zu."

ZUTATEN

1 Tasse Vollkorn- oder Wildreis
2 Chilischoten
4 Tomaten
½ Tasse ungesalzene Erdnüsse
25 g gemahlene Mandeln
4 TL Gomasio
1 Msp. Nelkenpulver
3 Maisnachos
2 EL Soja- oder Rapsöl
300 g Tempeh
125 ml frische Gemüsebrühe (S. 60) oder Instantbrühe
80 g dunkle, vegane Kuvertüre
Salz, frischer Pfeffer, brauner Zucker

ZUBEREITUNG

1. 1 Tasse Vollkorn- oder Wildreis mit 2 Tassen Wasser und einem halben TL Salz aufkochen, dann zugedeckt bei kleiner Hitze köcheln lassen, bis das Wasser verkocht ist.
2. Chilischoten längs aufschneiden, entkernen und klein schneiden.
3. Die Tomaten würfeln und zusammen mit Erdnüssen, Chilischoten, Mandeln, Gomasio, Nelkenpulver und Nachos in eine hohe Schale geben und pürieren.
4. Die Masse in eine tiefe Pfanne geben und unter stetem Rühren erwärmen.
5. 125 ml Brühe und die Kuvertüre zu der Tomatenmasse geben.
6. Mit Salz, Pfeffer und Zucker abschmecken, 15 Minuten köcheln lassen.
7. Die Soße soll einen süß-scharfen Geschmack und eine sämige Konsistenz entwickeln.
8. Öl in einer weiteren Pfanne erhitzen, Tempeh in circa 1 cm dicke Scheiben schneiden, scharf anbraten.
9. Tempeh mit Soße und Reis servieren.

Tipp

Dazu Maisnachos und Tomatensalat.

4 Personen | Zubereitungszeit 30 Minuten

Glutenfrei

Für 4 Personen | Zubereitungszeit 35 Minuten

DINKEL-RISOTTO
MIT SPITZKOHL UND MARONI

„Dieses Essen ist **ideal in der kalten Jahreszeit**. Spitzkohl und Maroni gibt es dann frisch auf dem Markt und der Dinkel bietet eine nussige Alternative zu Reis. Ein wärmendes Essen, das man mit einem guten Glas Rotwein abrunden kann."

ZUBEREITUNG

1 Spitzkohl waschen, den harten Strunk entfernen und den Rest in Streifen schneiden.

2 Zwiebel schälen und klein hacken, die Chilischote längs aufschneiden, entkernen und klein hacken.

3 Olivenöl in einer Kasserole erwärmen, die Zwiebel darin andünsten. Dinkel dazugeben, unter stetigem Rühren 2 Minuten anrösten und mit Wein oder Apfelsaft ablöschen.

4 Soja- oder Rapsöl in einer Pfanne erhitzen und 1-2 EL Zucker, Chili und Kreuzkümmel darin kurz anrösten. Spitzkohl beigeben und unter Rühren circa 10 Minuten braten, bis er leicht braune Stellen bekommt. Dann beiseitestellen.

5 Gemüsebrühe unter stetigem Rühren nach und nach zum Dinkel gießen, bis die Flüssigkeit fast vollständig verkocht ist. Der Dinkel sollte bissfest sein und eine cremige Konsistenz haben.

6 1–2 EL Zucker und Zimt in einer kleinen Pfanne erwärmen, bis er schmilzt. Butter dazugeben und Maroni bei höherer Temperatur circa 5 Minuten unter gelegentlichem Wenden darin anrösten.

7 Spitzkohl zum Dinkel geben und mit Salz und Pfeffer abschmecken.

8 Maroni unter das Risotto heben und optional mit Parmesan bestreut servieren.

ZUTATEN

400 g Spitzkohl
1 Zwiebel
1 kleine Chilischote
je 1 EL Oliven- und Soja- oder Rapsöl
300 g Dinkel, schnellkochend
200 ml trockener Weißwein oder Apfelsaft
2–3 EL brauner Zucker
1 TL Kreuzkümmel
750 ml frische Gemüsebrühe (S. 60) oder Instantbrühe
1 TL Zimt
1 TL Butter
200–250 g Maroni vorgekocht
Salz, frischer Pfeffer
Parmesan (optional)

Tipp

Schmeckt natürlich auch mit Risottoreis.

GEFÜLLTE ZUCCHINI IN TOMATENSOSSE

„Dieses Gericht entstand, als der Kühlschrank halb leer war und ich aus den **verbliebenen Lebensmitteln etwas Leckeres zaubern** wollte.“

ZUTATEN vegetarisch

4 mittelgroße Zucchini
200–250 g Fetakäse
250 ml Sahne
½–1 TL Currypulver
Salz, frischer Pfeffer
½ TL Curcuma
mindestens 400 g Tomatenpulpe bzw. Passata
2 Tropfen Stevia oder 1 TL Zucker
1 TL frischer Oregano
½ TL Zimt
1 Tasse Dinkel- oder Buchweizen-Bulgur (glutenfrei)

ZUTATEN vegan

4 mittelgroße Zucchini
250 g Tofu natur
6 TL Trüffelöl
250 ml Sojasahne
½–1 TL Currypluver
Salz, frischer Pfeffer
½ TL Curcuma
mindestens 400 g Tomatenpulpe bzw. Passata
2 Tropfen Stevia oder 1 TL Zucker
1 TL frischer Oregano
½ TL Zimt
8 TL Gomasio
1 Tasse Dinkel- oder Buchweizen-Bulgur (glutenfrei)

ZUBEREITUNG

1. Ofen auf 160 Grad Umluft vorheizen.
2. Zucchini waschen, der Länge nach halbieren und den Strunk knapp abschneiden. Den weichen Innenteil mit einem Löffel vorsichtig ausschaben, sodass kleine Schiffchen entstehen.
3. Vegetarisch: ¾ der ausgeschabten Masse in eine Schale geben, mit Feta und der Hälfte der Sahne mischen, mit Curcuma, Currypulver, Salz und Pfeffer würzen und grob pürieren.
4. Vegan: 3/4 der ausgeschabten Masse in eine Schale geben. mit Tofu, Trüffelöl, der Hälfte der Sojasahne, Curcuma, Currypulver, Salz und Pfeffer würzen und grob pürieren.
5. Mit der grob pürierten Masse nun die Zucchinischiffchen füllen.
6. Die Tomatenpulpe in eine große Auflaufform füllen, zweite Hälfte der Sahne, Salz, Pfeffer, Zucker, Zimt, und Oregano untermischen.
7. Vegan: Jede Zucchinihälfte mit 1 TL Gomasio bestreuen.
8. Nun die gefüllten Hälften auf die Soße setzen und bei 160 Grad 25–30 Minuten backen.
9. Bulgur nach Packungsanleitung mit Salz oder Gemüsebrühe circa 15–20 Minuten kochen.
10. Mit frischem Oregano servieren.

Tipp

Um dem Bulgur eine farbliche Note zu verpassen, können Sie dem Kochwasser etwas Curcuma beigeben.

Foto: Sandy Neumann

4 Personen | Zubereitungszeit 15 Minuten plus 25 Minuten Backzeit

Glutenfrei je nach Beilage

Foto: Sandy Neumann

Für 4 Personen | Zubereitungszeit 50 Minuten

MATZEN MIT KICHERERBSEN UND ORANGENSOSSE

„Matzen ist ein **ungesäuertes jüdisches Brot.** Wenn Sally, eine gute Freundin meiner Eltern, aus Amerika zu Besuch kam, machte sie Matzen mit Lachs und Meerrettich. Wir Kinder haben uns immer darauf gefreut."

ZUTATEN

250 g Kichererbsen aus der Dose
200 g Dinkel- oder Weizenmatzen
1 kleiner Fenchel
2 Tomaten
½ Bund Frühlingszwiebeln
1 große Knoblauchzehe
2 cm Ingwer
5 Eier oder 5 EL Sojamehl
Salz, frischer Pfeffer
1 TL scharfes Currypulver
5 TL Ghee, Raps- oder Sonnenblumenöl
1 TL Kreuzkümmelsamen
4 Saftorangen
150 ml Tomatensugo
2 TL Mandelmus ungesüßt
Joghurt oder Sojajoghurt (optional)

ZUBEREITUNG

1 Kichererbsen in ein Sieb abschütten und abspülen.
2 Matzen zerbrechen und mit warmem Wasser bedeckt 10–15 Minuten ziehen lassen.
3 Fenchel, Tomaten und Frühlingszwiebeln klein schneiden.
4 Knoblauch und Ingwer schälen und fein hacken.
5 Matzen durchkneten und eventuell überschüssiges Wasser abgießen.
6 Eier in einer weiteren Schüssel kräftig schlagen und unter den Matzen heben oder Sojamehl unterheben. Mit Salz und Currypulver würzen.
7 3 TL Ghee oder Öl in einer tiefen Pfanne oder einem flachen Topf zusammen mit dem Kreuzkümmel erhitzen und die Kichererbsen für circa 5 Minuten darin anbraten.
8 Tomaten, Fenchel, Ingwer, Knoblauch, Salz und Pfeffer unterrühren.
9 Orangen auspressen, den Fruchtsaft mit dem Tomatensugo über das Gemüse geben und bei kleiner Hitze 10 Minuten köcheln lassen.
10 1 TL Ghee oder Öl in einer großen Pfanne erhitzen und die Hälfte des Matzenteigs hineingeben, ähnlich einem dicken Pfannkuchen. Bei mittlerer Hitze zugedeckt 3–5 Minuten braten, wenden und mit 1 TL Ghee oder Öl weitere 3–5 Minuten braten. Vorgang mit restlichem Teig wiederholen.
11 Mandelmus und Frühlingszwiebeln unter das Gemüse heben.
12 Matzen wie einen Kuchen schneiden und mit Gemüse und Joghurt oder Sojajoghurt servieren.

Tipp

Matzen schmeckt auch einfach mit Butter oder Margarine und Salz.

„RHEINISCHER SAUERBRATEN“ MIT BLAUKRAUT UND SPÄTZLE

„Als Kind durfte ich mir zum **Geburtstag mein Lieblingsessen** wünschen, und das war immer der Sauerbraten. Bei meiner Mutter schmeckte er göttlich. Als ich Vegetarierin wurde, musste ich eine Alternative finden, und das ist das köstliche Ergebnis.“

ZUTATEN

300 ml trockener Rotwein
75 ml Balsamico
400 ml Wasser
1 Lorbeerblatt
5 Wacholderbeeren
40 g Rosinen
Salz, Kräutersalz,
frischer Pfeffer
600 g Dinkel-Seitan am Stück
900 g Rotkohl, vorgekocht oder frisch (dann zusätzlich: 1 Lorbeerblatt, 5 Wacholderbeeren, 10 Nelken, 1 säuerlicher Apfel, 6–8 EL Balsamico, 2 mittelgroße Zwiebeln, 5 EL Rapsöl)
3 mittelgroße Zwiebeln
2 EL Rapsöl
300 g plus 2 EL Dinkelmehl
2 Eier oder No Egg oder Sojamehl
1 ½ Soßenlebkuchen
225 ml frische Gemüsebrühe (S. 60) oder Instantbrühe

ZUBEREITUNG

1 Rotwein, 75 ml Balsamico und 200 ml Wasser zusammen mit einem Lorbeerblatt, 5 Wacholderbeeren, Rosinen, Kräutersalz und Pfeffer zu einer Marinade verrühren.
2 Seitan im Ganzen circa 2 Stunden in der Marinade einlegen. Ab und zu wenden.

Mit frischem Rotkohl:

3 Rotkohl putzen, vierteln, Strunk entfernen und in Streifen schneiden.
4 Zwiebeln schälen, 1 Zwiebel fein würfeln, eine andere mit Nelken spicken.
5 Apfel waschen, schälen, entkernen, achteln und in dünne Scheiben schneiden.
6 Zwiebelwürfel und Apfelscheiben in 5 EL Rapsöl anschwitzen. Frischen Rotkohl, die gespickte Zwiebel. 1 Lorbeerblatt, 5 Wachholderbeeren, Salz und Pfeffer dazugeben. Dann alles mit circa 200 ml Wasser zum Kochen bringen und zugedeckt bei kleiner Hitze circa 90 Minuten köcheln lassen.
7 Mit Balsamico und Salz abschmecken. Gespickte Zwiebel entfernen.

Mit vorgekochtem Rotkohl geht es hier weiter:

8 Zwiebeln schälen, fein würfeln und in Rapsöl anschwitzen, Seitan aus der Marinade nehmen, abtropfen lassen und rundherum anbraten. Dabei mit 1–2 EL Mehl bestäuben.
9 Marinade zum Seitan gießen und circa 20 Minuten im geschlossenen Topf köcheln lassen.
10 300 g Dinkelmehl und 1 Prise Salz mit 2 Eiern oder No Egg oder Sojamehl zu einem zähflüssigen Teig verrühren. Spätzleteig circa 20 Minuten ruhen lassen.
11 Rotkohl in einem Topf erwärmen, abschmecken und warm halten.
12 Salzwasser zum Kochen bringen und den Teig mit einem Spätzlehobel ins siedende Wasser hobeln oder vom Brett schaben. Spätzle 2 Minuten sieden lassen, dann mit der Schaumkelle herausnehmen, warm halten.
13 Seitan aus der Soße nehmen, warm halten.
14 Soßenlebkuchen zerbröckeln, mit Gemüsebrühe unter die Soße mischen, aufkochen und circa 2 Minuten köcheln lassen. Mit Salz und Pfeffer abschmecken.
15 Seitan in circa 1,5 cm dicke Scheiben schneiden, zurück in die Soße geben und kurz erwärmen.
16 Seitanscheiben mit Soße, Spätzle und Blaukraut servieren.

4 Personen | Zubereitungszeit 40 Minuten plus 2 Stunden Ruhezeit

Foto: Sandy Neumann

Für 4 Personen | Zubereitungszeit 50 Minuten

SÜSSKARTOFFEL-GNOCCHI
MIT SALBEI

„Gnocchi – **eine italienische Spezialität**, die ich aus Süßkartoffeln mache. Mit der aromatischen Schärfe des Cayennepfeffers und der leicht bitteren Note des Salbeis ergibt sich ein rundes Geschmacksbild. Nicht umsonst ist auch dieses Gericht einer der Favoriten in unserem Haus."

ZUBEREITUNG

1. Süßkartoffeln samt Schale 15–20 Minuten in Salzwasser kochen. Danach pellen und mit der Gabel fein zerdrücken oder durch die Flotte Lotte pressen.
2. Backofen auf 80 Grad vorheizen.
3. Dinkelmehl, Muskat, Cayennepfeffer, Koriander und Koriandergrün, Ei oder Sojamehl unter die Kartoffeln rühren. Sollte der Teig noch zu dünnflüssig sein, kann etwas Mehl dazugegeben werden. Salzwasser in einem breiten Topf zum Kochen bringen.
4. Kartoffelteig in teelöffelgroßen Portionen ins leicht kochende Wasser legen. Die Gnocchi müssen nebeneinander schwimmen können, also in mehreren Etappen kochen. Nach circa 2 Minuten, wenn sie oben schwimmen, mit der Schaumkelle herausnehmen und auf einem Blech im Ofen warm halten.
5. Olivenöl in einer Pfanne erwärmen. Die Gnocchi darin mit einer Prise Salz, Cayennepfeffer und den Salbeiblättern leicht anbraten.
6. Gnocchi optional vor dem Servieren mit Parmesan bestreuen.

ZUTATEN

800 g Süßkartoffeln
200 g Dinkelmehl
Salz
½ TL Cayennepfeffer
1 Prise Muskat
½ TL Koriander
2 EL gehacktes Koriandergrün
1 Ei oder Sojamehl
3 EL Olivenöl
circa 20 Salbeiblätter
Parmesan (optional)

Tipp
Besonders empfehlen kann ich den milden Dalmatinischen Salbei.

PALAK PANEER/TOFU

„Das **Lieblingsgericht meines jüngsten Sohnes** möchte ich Ihnen natürlich nicht vorenthalten. Es ist einfach zuzubereiten, nicht so scharf wie viele andere indische Gerichte und durch die verschiedenen Gewürze sehr bekömmlich."

ZUTATEN

3 Zwiebeln
3 Knoblauchzehen
circa 3 cm frischer Ingwer
1–2 rote Chilischoten
500 g Paneer oder Tofu
4 EL Raps- oder Sonnenblumenöl
½ TL gemahlene Gewürznelken
2 TL gemahlener Kreuzkümmel
2 TL gemahlener Koriander
2 TL Curcuma
800 g frischer oder tiefgekühlter Blattspinat
Salz
2 TL Garam masala

ZUBEREITUNG

1. Zwiebeln, Knoblauch und Ingwer schälen. Zwiebeln und Knoblauch fein würfeln, Ingwer reiben.
2. Chilischoten längs aufschneiden, entkernen und in dünne Ringe schneiden.
3. Paneer oder Tofu in Würfel schneiden.
4. Öl in einer Pfanne erhitzen, Paneer oder Tofu darin von jeder Seite 2–3 Minuten anbraten, dann herausnehmen.
5. Zwiebeln, Knoblauch, Ingwer, Chili, Gewürznelken, Kreuzkümmel, Koriander und Curcuma im noch heißen Öl unter Rühren so lange anbraten, bis die Gewürze intensiv duften.
6. Den frischen, geputzten oder tiefgekühlten Spinat mit 100 ml Wasser dazugeben und unterrühren. Zugedeckt bei schwacher Hitze circa 15 Minuten köcheln lassen. Mit Salz abschmecken.
7. Paneer oder Tofu zum Spinat geben und kurz erhitzen.
8. Zum Schluss Garam masala unterrühren und anrichten.

Tipp

Basmatireis und/oder Chapati dazu servieren.

Foto: Sandy Neumann

4 Personen | Zubereitungszeit 30 Minuten

Glutenfrei

Foto: Sandy Neumann

Für 4 Personen | Zubereitungszeit 10 Minuten plus 30–40 Minuten Backzeit
Glutenfrei

ÜBERBACKENE POLENTA
MIT GETROCKNETEN TOMATEN

„Obwohl Polenta zur **italienischen Alltagsküche** gehört, ist es bei uns noch recht unbekannt. Die Masse aus Maisgries ist leicht zuzubereiten und hat einen angenehmen milden Geschmack. Man kann auch kleine Taler daraus formen und anbraten.“

ZUBEREITUNG

1 Ofen auf 190 Grad Ober- und Unterhitze vorheizen.
2 Tomaten waschen, zwei davon in Scheiben schneiden, eine klein hacken. Getrocknete Tomaten in schmale Streifen schneiden, Oliven in Scheiben schneiden.
3 Milch und 200 ml Wasser aufkochen, Salz und Pfeffer dazugeben, Polenta unter stetigem Rühren einstreuen.
4 Vegetarisch: Eier zügig unterschlagen
5 Vegan: No Egg zügig unterschlagen.
6 Auflaufform mit Öl oder Butter auspinseln.
7 Vegetarisch: Mozzarella in Würfel schneiden.
8 Vegan: Kürbiskerne in einer Pfanne rösten, mit Sojasoße ablöschen.
9 Vegetarisch: Hälfte der Polenta in die Form geben und mit etwas Parmesan bestreuen, gehackte frische Tomate, getrocknete Tomaten und Oliven darauf verteilen. Die zweite Hälfte der Polenta verteilen, mit frischen Tomatenscheiben und Mozzarella belegen, restlichen Parmesan überstreuen.
10 Vegan: Hälfte der Polenta in die Form geben, gehackte frische Tomate, getrocknete Tomaten, Oliven und geröstete Kürbiskerne verteilen und einen Teil des Käseersatzes darüberreiben. Die zweite Hälfte der Polenta verteilen, mit frischen Tomatenscheibe und dem Rest des Käseersatzes belegen.
11 Nochmals pfeffern und circa 30–40 Minuten im Ofen backen.
12 Etwas abkühlen lassen, in Scheiben schneiden und mit gemischtem Salat servieren.

ZUTATEN vegetarisch

80 g getrocknete Tomaten
60 g grüne Oliven, entkernt
3 Tomaten
60 g Oliven
600 ml Kuhmilch
200 g Polenta
2 Eier
100 g geriebener Parmesan
1 Mozzarella
Salz, frischer Pfeffer
1 TL Butter

ZUTATEN vegan

3 Tomaten
80 g getrocknete Tomaten
60 g Oliven, entkernt
600 ml Sojamilch
200 g Polenta
No Egg
130 g Käseersatz
30 g Kürbiskerne
1 EL Sojasoße
Salz, frischer Pfeffer
1 TL Raps- oder Sonnenblumenöl

Tipp

Streuen Sie noch Gröstl darüber, wenn Sie mögen (S. 62).

SPAGHETTI MIT LINSEN, SPITZKOHL UND PETERSILIENWURZEL

„Dieses Nudelgericht ist perfekt für jeden, der einmal etwas anderes als Tomatensoße oder Pesto ausprobieren möchte. Mein Mann liebt dieses Gericht, das sich durch die ungewöhnliche Kombination mit Linsen **perfekt für die kalten Tage** des Jahres eignet."

ZUTATEN

100 g Linsen, rot oder braun
60 ml Balsamico, dunkel
4 TL brauner Zucker
400–500 g Spitzkohl
2 Petersilienwurzeln
1 EL Ghee oder Sojaöl
1–2 EL Majoran, frisch oder getrocknet
Salz, frischer Pfeffer
400–500 g Spaghetti
1 Bund glatte Petersilie
1 EL Instant-Gemüsebrühe
Balsamicocreme (optional)

ZUBEREITUNG

1. Linsen waschen und mit Balsamico und 2 TL Zucker 15–20 Minuten in 200 ml Wasser kochen.
2. Spitzkohl waschen, vom harten Strunk befreien und in feine Streifen schneiden.
3. Petersilienwurzeln waschen, schälen und in 1 cm große Würfel schneiden.
4. Wasser und einen EL Gemüsebrühe in einem tiefen Topf zum Kochen bringen.
5. Ghee oder Sojaöl im Wok erhitzen und die Petersilienwurzeln darin circa 6 Minuten scharf anbraten. Mit 2 TL Zucker, Salz und Pfeffer würzen, dann herausnehmen.
6. Im selben Wok den Spitzkohl mit Salz, Pfeffer und Majoran circa 8 Minuten al dente braten, nicht zu braun und zu weich werden lassen.
7. Spaghetti nach Packungsanleitung im kochenden Wasser mit Gemüsebrühe al dente kochen.
8. Petersilie waschen und hacken, die Linsen abgießen und etwas salzen.
9. Spaghetti abgießen, mit allen anderen Zutaten in einer großen Schale mischen und optional mit etwas Balsamicocreme dekorativ beträufeln.

Tipp

Linsen erst nach dem Kochen salzen, sonst benötigen sie eine längere Kochzeit!

4 Personen | Zubereitungszeit 30 Minuten

Foto: Sandy Neumann

Für 4 Personen | Zubereitungszeit 15 Minuten

Glutenfrei

SPINATBULETTEN
MIT QUINOA

„Das **ayurvedische Gewürz Ajowan**, das unserem Majoran ähnelt, verleiht diesen Buletten einen ganz besonderen Geschmack, den auch Kinder mögen – zumindest meine. Sie eignen sich auch gut für Büfetts und sind äußerst gesund.“

ZUBEREITUNG

1 Kartoffeln 15–20 Minuten mit Schale kochen, abschrecken und pellen.

2 Frischen Spinat gründlich waschen und mit einer Prise Salz tropfnass zugedeckt in einem Topf circa 4 Minuten bei mittlerer Hitze zusammenfallen lassen, dann abgießen und abkühlen lassen. Tiefgekühlten Spinat nach Packungsanleitung kochen, abgießen und abkühlen lassen.

3 Spinat ausdrücken und grob zerkleinern.

4 Quinoa nach Packungsanleitung kochen, ½ TL Salz und 1 TL Currypulver ins Kochwasser geben.

4 Frühlingszwiebel waschen und in feine Ringe schneiden.

6 Kartoffeln mit einer Gabel fein zerdrücken oder durch die Flotte Lotte pressen

7 Spinat, Ajowan, Pfeffer, Frühlingszwiebel und Kichererbsenmehl unterkneten.

8 Aus der Masse 16 Kugeln formen und flach drücken.

9 Buletten in einer Pfanne in reichlich Kokosnussöl circa 3 Minuten von jeder Seite braten.

10 Mit Quinoa, Joghurt und Kürbis- oder Birnenchutney (S. 61, 63) anrichten.

ZUTATEN

400 g mehlig kochende Kartoffeln
200–250 g frischer oder tiefgekühlter Blattspinat
Salz, frischer Pfeffer
500 g Quinoa
1 TL Currypulver mittelscharf
1 Frühlingszwiebel oder 1 Schalotte
1 TL Ajowan
3 EL Kichererbsenmehl
Kokosnussöl
1–2 EL Joghurt oder Sojajoghurt (optional)

Tipp
Auch kalt ein Genuss.

ZITRONEN-RISOTTO

„Dieses einfache Gericht zählt zu unseren Lieblingsgerichten und wird von meinen Kindern bei fast jedem Geburtstag gewünscht. Es muss aber unbedingt mit dem **speziellen Risottoreis** zubereitet werden, und den sollte man - original italienisch - al dente genießen."

ZUTATEN

2–3 Zitronen – Saft und Schale
1 Zwiebel
2 EL Olivenöl
500 g Risottoreis
200g geriebener Parmesan und 1 TL Butter oder
2 EL Sojasahne
300 ml Apfelsaft oder trockenen Weißwein
800–1000 ml frische Gemüsebrühe (S. 60) oder Instantbrühe
2 EL Zitronenthymian (nur die Blättchen)
Salz, Zitronenpfeffer oder schwarzer Pfeffer

ZUBEREITUNG

1. Öl in einer Kasserolle erhitzen, die Zwiebel hacken und mit dem Reis hineingeben. 2 Minuten glasig dünsten.
2. Apfelsaft dazugeben und bei mittlerer Hitze beständig rühren.
3. Zitronen waschen, trocknen und die Schale einer Zitrone abreiben. Alle Zitronen auspressen.
4. Wenn der Reis wieder trocken wird, nach und nach warme Brühe dazugeben und rühren. Diesen Vorgang wiederholen, bis alle Flüssigkeit aufgebraucht und der Reis al dente ist.
5. Parmesan reiben. Thymian waschen, trocknen und Blättchen zupfen.
6. Den cremigen Reis mit Gewürzen und Zitronensaft abschmecken.
7. Butter und Parmesan oder Sojasahne dazugeben und 1 Minute lang kräftig unterrühren.
8. Zitronenthymian-Blättchen unterrühren und servieren.

Tipp

Zitronen sind unterschiedlich sauer. Bitte erst ein wenig Saft dazugeben und abschmecken.

4 Personen | Zubereitungszeit 25 Minuten

Glutenfrei

Für 4–6 Personen | Zubereitungszeit 45 Minuten plus 90 Minuten Kochzeit
Glutenfrei

SARMA À LA IVANIKA

„Dies ist eines der ersten Rezepte, die ich als Kind kochen durfte. Unser zauberhaftes **Au-pair-Mädchen aus Jugoslawien** bereitete es damals mit Hackfleisch zu. Ich liebte Ivanika und ihre Rouladen.
Meine Variante mit Sojafleisch lohnt sich trotz des Zeitaufwands immer wieder!“

ZUBEREITUNG

1 Sojafleisch in eine Schale geben, mit heißer Gemüsebrühe übergießen und 10 Minuten ziehen lassen.

2 Kohl als Ganzes mit Essig und 2 Tassen Wasser bei geschlossenem Deckel 15-20 Minuten kochen. Gelegentlich wenden.

3 Sojahack abgießen und im Sieb etwas ausdrücken.

4 Zwiebel schälen und hacken. Das Sonnenblumen- oder Rapsöl in einer Pfanne erhitzen, Zwiebeln und Hack scharf anbraten, mit Salz und Pfeffer würzen. Reis roh untermischen und alles 5 Minuten auf mittlerer Hitze anbraten. Zur Seite stellen und abkühlen lassen.

5 Kohl aus dem Topf nehmen, den Strunk entfernen und die Kohlblätter vorsichtig einzeln ablösen.

6 Je circa 1 EL der Hackmischung auf den festen Teil eines Kohlblatts legen, die Seiten einschlagen und das Blatt einrollen. Mit einem Zahnstocher fixieren. Mit allen Blättern so verfahren, bis die Füllung aufgebraucht ist.

7 Den Rest des Kohls in Streifen schneiden und den Boden eines großen, flachen Topfes damit auslegen, Rouladen darauf verteilen und 0,5 l Wasser dazugeben. Mit geschlossenem Deckel 45 Minuten bei mittlerer Hitze köcheln lassen.

8 Pizzatomaten, Salz, Pfeffer und gehackte Petersilie zu den Rouladen geben und weitere 45 Minuten köcheln lassen.

ZUTATEN

300 g Sojafleisch
1,5 kg Weiß- oder Spitzkohl
1 kleine Tasse Essig, Obst- oder Weißwein
1 Zwiebel
1 EL Sonnenblumen- oder Rapsöl
Salz, frischer Pfeffer
1 Tasse Reis
0,5 l Wasser
2 Dosen Pizzatomaten
1 Bund glatte Petersilie
0,5 l frische Gemüsebrühe (S. 60) oder Instantbrühe
Zahnstocher aus Holz

Tipp

Gekochten Reis dazu reichen.

TOFU-SCHNITZEL MIT GURKEN-TOMATEN-GEMÜSE UND BACKKARTOFFELN

„**Paniertes kommt meist gut an**, auch bei Kindern. Das Gemüse, das ich dazu reiche, esse ich auch manchmal nur mit einem Stück Brot. Ich liebe es einfach und es erinnert mich an meine Kindheit.“

ZUTATEN

1 großer Bund Dill
1 Salatgurke
3–4 Tomaten
12–16 kleine festkochende Kartoffeln
1 EL Olivenöl
Salz, frischer Pfeffer, Cayennepfeffer
½ TL Zucker
4 EL Dinkelmehl
2 Bio-Eier oder No Egg bzw. Sojamehl
4 EL Semmelbrösel
2 EL Sesam
2 x 200 g Räuchertofu
circa 3 EL Kokosnussöl, Raps- oder Sonnenblumenöl

ZUBEREITUNG

1 Ofen auf 180 Grad vorheizen.

2 Dill waschen und fein schneiden, Gurke und Tomaten waschen. Die Gurke schälen, längs aufschneiden, entkernen und in 1 cm große Stücke schneiden. Tomaten entkernen und in Würfel schneiden.

3 Kartoffeln abwaschen und ungeschält auf ein Backblech mit Backpapier legen, salzen und mit Olivenöl beträufeln. Mittig circa 20–30 Minuten im Ofen backen.

4 1 TL Öl in einem Topf erhitzen und die Gurkenstücke 5 Minuten darin dünsten.

5 Eine Schale mit Mehl, eine Schale mit aufgeschlagenen Eiern oder No Egg bzw. Sojamehl mit Salz und Cayennepfeffer und eine Schale mit Semmelbröseln gemischt mit Sesam vorbereiten.

6 Tomaten, Zucker, Salz und ein wenig Pfeffer zu den Gurken geben und weiterschmoren lassen.

7 Beide Tofustücke jeweils halbieren, sodass 4 Scheiben à 100 g entstehen.

8 Die Tofuscheiben erst in Mehl, dann in der Ei- oder No-Egg-Masse oder Sojamehl und anschließend in der Semmelbröselmischung wenden.

9 2 EL Öl in einer Pfanne erhitzen und die Tofu-Schnitzel darin von allen Seiten hellbraun anbraten.

10 Dill unter das Gemüse rühren und gemeinsam mit den Schnitzeln und den Backkartoffeln servieren.

Tipp

Dazu passt auch das Zwiebelchutney (S. 62).

Fo[illegible]ndy Neumann

4 Personen | Zubereitungszeit 30 Minuten

Foto: Sandy Neumann

Für 4 Personen | Zubereitungszeit 25 Minuten

ROTE-BETE-BULETTEN MIT QUINOA/ KARTOFFELN UND GEMISCHTEM SALAT

„Diese Buletten habe ich bei unserem russischen Au-pair-Mädchen Zina kennengelernt. Sie lebt inzwischen mit ihrer Familie in Berlin, und wann immer wir sie besuchen, wartet **ein Berg dieser russischen Köstlichkeit** auf uns."

ZUBEREITUNG

1. Frische Rote Bete schälen, würfeln und 20 Minuten kochen oder bereits vorgekocht kaufen.
2. Pürieren und auf kleiner Flamme erwärmen, Grieß langsam unterrühren, bis die Masse so dick wird, dass sie nicht mehr vom Löffel fließt, leicht abkühlen lassen.
3. Kartoffeln oder Quinoa waschen und kochen.
4. Salat zupfen und waschen. Gurke und Tomaten waschen und in Stücke schneiden. Fenchel in feine Streifen schneiden.
5. Mit Salatsoße (S. 59) vermischen.
6. Eier oder Seidentofu bzw. No Egg unter die Rote-Bete-Masse rühren. Bei Seidentofu muss man ein wenig mit der Menge variieren, also erst circa 50 g unterheben und die Konsistenz testen, die Masse darf nicht zu locker werden.
7. Intensiv mit Salz, Pfeffer und Muskat würzen.
8. Mit einem Esslöffel 8 Buletten formen, im Paniermehl wenden.
9. Petersilie hacken, und die Knoblauchzehe schälen und durch eine Presse drücken.
10. Schmand oder Sojajoghurt mit Salz, Pfeffer, Petersilie und Knoblauch verfeinern.
11. Öl in einer Pfanne erhitzen, die Buletten darin anbraten und mit Schmand/Joghurt, Kartoffeln oder Quinoa und gemischtem Salat servieren.

ZUTATEN

500 g Rote Bete, frisch oder vorgekocht
170–200 g Dinkelgries
2 Eier oder circa 80–100 g Seidentofu bzw. No Egg
Salz, frischer Pfeffer, Muskat
2–3 EL Pflanzenöl
2–3 EL Dinkelmehl
200 g Schmand oder Sojajoghurt
1 Bund Petersilie
1 Knoblauchzehe
Quinoa oder Kartoffeln
2–3 Tomaten
½ Salatgurke
1 Fenchel
1 Romanasalat

Tipp

Probieren Sie hierzu das Zwiebelchutney (S. 62).

LASAGNE MIT EGERLINGEN UND GEMÜSESUGO

„Diese Lasagne macht süchtig und wird auch dem **Gemüsemuffel schmecken**. Nicht nur bei uns zu Hause ist dieses Gericht sehr beliebt, da es saftig ist und trotzdem Biss hat.“

ZUTATEN

1 große Aubergine
2 Zucchini
500 g Egerlinge
1 große Zwiebel
3 Knoblauchzehen
1 kleine Chilischote (optional)
3–4 EL Olivenöl
Salz, frischer Pfeffer, Oregano
250 ml Sahne oder Sojasahne
2 Dosen Pizzatomaten
500 g Dinkel-Lasagneplatten
3 frische Tomaten
1 EL Sonnenblumenkerne
1 Mozzarella und 2 EL Parmesan oder circa 150–200 g veganer Streukäse

ZUBEREITUNG

1 Ofen auf 180 Grad Umluft vorheizen.

2 Aubergine waschen, klein würfeln, salzen und in einer Schale zugedeckt 15 Minuten ziehen lassen.

3 Zucchini waschen und klein würfeln, Egerlinge abbürsten und in Scheiben schneiden.

4 Zwiebel und Knoblauch schälen und klein schneiden, Chilischote längs aufschneiden, entkernen und klein schneiden.

5 1–2 EL Olivenöl in einer Pfanne erhitzen, Zwiebeln und Egerlinge darin circa 5 Minuten mit Knoblauch, Salz und Pfeffer dünsten. Sahne oder Sojasahne dazugeben und auf kleiner Flamme 5–10 Minuten köcheln lassen.

6 Auberginen abgießen, etwas abtrocknen und mit Zucchini in einer weiteren Pfanne in 1–2 EL Olivenöl kross anbraten. Optional Chili dazugeben.

7 Mit Salz, Pfeffer und Oregano würzen, Pizzatomaten dazugeben und alles 10 Minuten bei mittlerer Hitze köcheln lassen.

8 Eine Auflaufform einfetten, abwechselnd Gemüsemasse, Lasagneplatten und Zwiebel-Egerling-Sahnesoße übereinanderschichten. Zum Schluss sollten Lasagneplatten obenauf liegen.

9 Frische Tomaten in Scheiben schneiden und die Lasagne damit bedecken. Sonnenblumenkerne verteilen.

10 Gewürfelten Mozzarella und Parmesan oder veganen Streukäse auf den Tomaten verteilen.

11 Lasagne 30 Minuten bei 180 Grad backen. Gegebenenfalls die letzten 10 Minuten mit Alufolie bedecken.

Tipp

Mit gemischtem Salat servieren.

Foto: Sandy Neumann

4 Personen | Zubereitungszeit 35 Minuten plus 30 Minuten Backzeit

Foto: Dirk Bartling

5 SÜSS-SPEISEN

Fotos: Dirk Bartling | Food Foto: Sandy Neumann

APFELKNÖDEL MIT ZUCKER UND ZIMT

„Achtung: **Diese Knödel sind unwiderstehlich!** Es ist eines der Geheimrezepte meiner Mutter und ich hoffe, sie verzeiht mir, dass ich es hier veröffentliche. Aber diese Knödel sind so leicht zu machen und so gut - es wäre einfach unfair, dieses Rezept für mich zu behalten.“

ZUTATEN

150–200 g Äpfel (Boskop)
Salz
250 g Dinkelmehl
250 ml Kuh- oder Sojamilch
2 EL Butter oder Margarine
circa 50 g brauner Zucker
2 TL Zimt

ZUBEREITUNG

1. Äpfel schälen, entkernen und vierteln.
2. In einem breiten Topf Wasser mit etwas Salz zum Kochen bringen.
3. Dinkelmehl mit einer Prise Salz in eine Schale geben. Milch unter stetigem Rühren langsam dazuschütten.
4. Nun muss der Teig geschlagen werden, bis er Blasen wirft, das heißt den Teig mit dem Kochlöffel in einer Rundbewegung immer wieder von unten an einer Seite der Schale „anheben“, sodass er Luft einschließen kann.
5. Apfelviertel in dünne Stücke schneiden und unter den Teig heben.
6. Mit einem Esslöffel oder Teelöffel den Teig portionsweise in das kochende Wasser gleiten lassen und 10–15 Minuten bei nicht allzu hoher Temperatur kochen lassen. Darauf achten, dass in jeder Portion Apfelstückchen enthalten sind.
7. Butter oder Margarine in einem Pfännchen zum Schmelzen bringen.
8. Zucker und Zimt vermischen.
9. Knödel mit einer Schaumkelle aus dem Wasser nehmen; wenn sie oben schwimmen, mit Butter oder Margarine übergießen und mit Zimt und Zucker servieren.

Tipp

Kinder lieben dieses Gericht auch als Hauptspeise. Dann die doppelte Menge nehmen.

4 Personen | Zubereitungszeit 25 Minuten

Foto: Sandy Neumann

Für 4 Personen | Zubereitungszeit 15 Minuten plus 30 Minuten Kühlzeit
Glutenfrei

ORANGSO UND **ZITROSO**

„Beide Varianten dieser **wunderbaren Nachspeise** sind durch das Mus sehr sättigend und schmecken mit ungesüßtem Mus am besten. Das Zitroso ist etwas herber als das Orangso."

ZUBEREITUNG

1 Zutaten auf 4 kleine Gläser verteilen: Orangenmus oder Zitronenmus, Mandelmus oder Cashewmus und Joghurt werden übereinandergeschichtet.

2 Circa 45 Minuten kalt stellen.

3 10 Minuten vor dem Servieren aus dem Kühlschrank nehmen, da die Muse sonst zu fest werden.

4 Kurz vor dem Servieren je 1 TL Zucker auf der Oberfläche jedes Glases verteilen und mit einem Bunsenbrenner erhitzen, sodass eine harte, hellbraune Zuckerschicht entsteht.

ZUTATEN ORANGSO

150 g Orangenmus
90–100 g Mandelmus pur
280–300 g Natur- oder Sojajoghurt
4 TL brauner Zucker (optional)

ZUTATEN ZITROSO

90 g Zitronenmus
90–100 g Cashewmus
325–350 g Natur- oder Sojajoghurt
4 TL brauner Zucker (optional)

Tipp

Ohne Zucker eignen sie sich auch als Zwischenmahlzeit oder zum Frühstück.

BANANEN-WALNUSS-SAMOSAS
MIT SCHOKOLADENSOSSE

„**Diese süße Samosavariante ist kalt wie warm ein Genuss.** Man kann ruhig die doppelte Menge auf Vorrat machen. Wer es weniger süß mag, kann sie auch wie ein Plätzchen, ohne Schokoladensoße genießen.“

ZUTATEN

½ Packung Dinkelblätterteig oder veganer Blätterteig
1 EL Walnusskerne
1 Banane
3 TL Orangenmarmelade oder Orangenmus
circa 50 ml Sahne oder Sojasahne
100 g Kuvertüre
1 Packung Vanillezucker (optional)

ZUBEREITUNG

1. Ofen nach Packungsanleitung des Blätterteigs vorheizen.
2. Walnüsse klein hacken.
3. Banane mit einer Gabel zerdrücken und pürieren. Walnüsse untermischen.
4. 3 quadratische Blätterteigplatten auf einem Backblech mit Backpapier auslegen und mit je einem TL Orangenmarmelade oder -mus bestreichen. Quadrate vierteln.
5. Circa 1 TL Bananen-Walnuss-Masse jeweils in die Mitte der Viertel geben und eine Prise Zimt darübergeben. Die Ecken in der Mitte zusammendrücken und so ein quadratisches Päckchen kreieren. Ränder sorgfältig verschließen.
6. Die Päckchen circa 10–12 Minuten, je nach Packungsanleitung des Blätterteigs backen.
7. Sahne oder Sojasahne in einem Topf erhitzen und die Kuvertüre darin auf niedriger Temperatur zum Schmelzen bringen. Wer es süß mag, kann noch ein Päckchen Vanillezucker dazugeben.
8. Die Bananen-Walnuss-Samosas warm oder kalt mit der warmen Schokoladensoße servieren.

Tipp
Die Samosas lassen sich gut vorbereiten. Nur die Schokoladensoße muss kurz vor dem Servieren zubereitet werden, oder Sie nutzen eine fertige Soße.

4 Personen | Zubereitungszeit 10 Minuten plus 10 Minuten Backzeit

Für 4 Personen | Zubereitungszeit 5 Minuten plus 15–30 Minuten Kühlzeit
Glutenfrei

MANGO-LASSI

„**Lassi gibt es in Indien** in verschiedenen süßen und herzhaften Variationen. Meinen Kindern und mir ist die Mango-Version die liebste - schon im Babyalter konnte man ihnen damit eine Freude machen.“

ZUBEREITUNG

1. Mangos schälen, das Fruchtfleisch vom Kern lösen und klein schneiden. Den Saft auffangen oder Pulpe verwenden.
2. Das Fruchtfleisch und den Saft mit Joghurt oder Sojajoghurt und 500 ml Wasser pürieren.
3. Nach Gusto mit 3–4 EL Rohrzucker und Rosenwasser abschmecken. Vorsicht: Rosenwasser schmeckt sehr intensiv, erst mit einer kleinen Menge testen! Das Lassi dann 30 Minuten im Kühlschrank oder 15 Minuten im Tiefkühlfach kühl stellen.
4. 4 hohe Gläser kühlen.
5. Auf einem flachen Teller 1–2 EL Rohrzucker mit Limonensaft mischen, die Ränder der gekühlten hohen Gläser darin drehen, sodass ein Zuckerrand entsteht.
6. Das Lassi dann vorsichtig in die Gläser füllen und mit den Minzeblättern dekorieren.

ZUTATEN

2 reife Mangos oder 250 ml Mangopulpe
500 g Joghurt oder Sojajoghurt
500 ml sehr kaltes Wasser
4–5 EL Rohrzucker
2–3 Spritzer Rosenwasser
circa 1 TL Saft einer Limone
Minzeblätter zur Dekoration

Tipp

Mit einem Bambus-Strohhalm kann man das Lassi besonders stilvoll servieren.

SHRIKHAND

„Der Tag, an dem ich dieses **Joghurtdessert in Indien** zum ersten Mal gekostet habe, ist mir in bleibender Erinnerung. Es ist eine wundervolle, außergewöhnliche Nachspeise, die sich gut vorbereiten lässt. Obwohl sie so leicht schmeckt, ist sie sehr sättigend."

ZUTATEN

1,5 kg Natur- oder Sojajoghurt
200–250 g Puderzucker
¼ TL Safranpulver oder mindestens 6 Safranfäden
½–1 TL Rosenwasser
circa 2 EL Pistazien
Rote Beeren zur Dekoration

ZUBEREITUNG

1. Joghurt in ein dünnes Geschirrhandtuch füllen, das Tuch über einer Schüssel zusammenbinden und mindestens 6 Stunden oder über Nacht aufhängen.
2. Die Flüssigkeit, die sich in der Schale gesammelt hat, wegschütten und den Joghurt sorgfältig aus dem Geschirrtuch in eine Schüssel füllen. Er sollte nun dick und cremig sein.
3. Frische Safranfäden oder Safranpulver in ½–1 TL Rosenwasser lösen.
4. Puderzucker und Safran-Rosenwasser unter den Joghurt mischen.
5. Den Joghurt in 4–6 Schalen füllen und mit Pistazien und Beeren dekorieren, dann 30 Minuten kalt stellen, bevor Sie ihn servieren.

Tipp

Kann auch leicht angefroren serviert werden. Dafür 30 Minuten im Gefrierfach kaltstellen.

4–6 Personen | 6 Stunden Abhängzeit | Zubereitungszeit 10 Minuten plus 30 Minuten Kühlzeit

Glutenfrei

Für 4 Personen | Zubereitungszeit 15 Minuten plus 45 Minuten Kühlzeit
Glutenfrei

PFLAUMENDESSERT

„Diese Schichtnachspeise ist wunderbar köstlich, aber sehr sättigend. Die Kombination aus Haselnuss und Pflaume mutet winterlich an und eignet sich sowohl zum Dessert, Frühstück wie auch als leckere Zwischenmahlzeit."

ZUBEREITUNG

1. Zutaten auf 4 kleine Gläser verteilen. Pflaumenmus, Haselnussmus und Joghurt werden übereinandergeschichtet.
2. Circa 45 Minuten kalt stellen.
3. 10 Minuten vor dem Servieren aus dem Kühlschrank nehmen, da das Haselnussmus sonst zu fest ist.
4. Kurz vor dem Servieren je 1 TL Zucker auf der Oberfläche jedes Glases verteilen und mit einem Bunsenbrenner erhitzen, sodass eine harte, hellbraune Zuckerschicht entsteht.

ZUTATEN

100 g Pflaumenmus
80 g Haselnussmus pur
400 g Natur- oder Sojajoghurt
brauner Zucker (optional)

Tipp

Lässt sich super vorbereiten.

VANILLECREME MIT FLAMBIERTEN SCHATTENMORELLEN

„Mit diesem Rezept bin ich in der **Promi-Kocharena auf VOX gegen einen Sternekoch angetreten.** Die Grundidee war vorgegeben und wir mussten auf Zeit ein neues Gericht kreieren. Ich habe die Vanillecreme mit Sojamilch gemacht, ohne Sahne, und als Einzige an diesem Abend gegen ihn gewonnen! Mann, da bin ich aber vor Freude in die Luft gesprungen!"

ZUTATEN vegetarisch

500 ml Sojamilch
2 EL plus 2 EL Speisestärke
2 Vanilleschoten
3 Eier
Prise Salz
1 Päckchen plus 1 TL Vanillezucker
1 TL Puderzucker
1 Glas Schattenmorellen (175 g Abtropfgewicht), etwas Kirschsaft auffangen
40 ml Rotwein
60 ml Kirschwasser (Schnaps)
½ TL Zimt
4-6 TL Rohrzucker

ZUTATEN vegan

500 ml Sojamilch
200 ml Sojasahne zum Aufschlagen
2 EL plus 2 EL Speisestärke
2 Vanilleschoten
3 EL Sojamehl
1 Päckchen Vanillezucker
1 Päckchen Sahnesteif
1 Glas Schattenmorellen (175 g Abtropfgewicht), etwas Kirschsaft auffangen
40 ml Rotwein
60 ml Kirschwasser (Schnaps)
½ TL Zimt
4-6 TL Rohrzucker

ZUBEREITUNG

1 400 ml Milch im Topf erhitzen. 100 ml mit 2 EL Speisestärke anrühren.

2 Vanilleschoten aufschlitzen und auskratzen.

3 Vegetarisch: Die Eier trennen. Das Eiweiß mit einer Prise Salz und 1 Päckchen Vanillezucker zu Eischnee schlagen.

4 Milch mit Speisestärke in die warme Milch rühren und mit einem Schneebesen kräftig aufschlagen. Vanille dazugeben.

5 Vegetarisch: Die drei Eigelb mit Puderzucker im Eiswasserbad schaumig schlagen, dann langsam die Soja-Vanillecreme und ein Drittel des Eischnees unterheben.

6 Vegan: Sojamehl, 6 EL Wasser und ½ Packung Vanillezucker kräftig aufschlagen und unter die Creme rühren. Hitze abschalten.

7 Sojasahne mit Sahnesteif aufschlagen. 15 Minuten im Gefrierfach kalt stellen. Die Hälfte der Sahne unter die Soja-Vanillecreme rühren.

8 Die Creme in Schälchen geben und kalt stellen.

9 Schattenmorellen mit etwas Kirschsaft in einem Topf erhitzen.

10 Rotwein mit 2 EL Speisestärke andicken und unter die Kirschen rühren. Mit Zimt, 1 TL Vanillezucker und 20 ml Kirschwasser abschmecken.

11 Kurz vor dem Servieren den restlichen Eischnee/Sojasahne auf der Creme verteilen, je 1 TL Zucker darübergeben und mit dem Bunsenbrenner karamellisieren.

12 Kirschwasser auf die Kirschen geben und entweder auf die Cremeschalen oder separate Schälchen verteilen und flambieren.

Tipp

Kann auch leicht angefroren serviert werden. Dafür 30 Minuten im Gefrierfach kalt stellen.

4 Personen | Zubereitungszeit 40 Minuten plus 20 Minuten Kühlzeit
Glutenfrei

Foto: Dirk Bartling

6 MENÜ-VORSCHLÄGE

Fotos: Dirk Bartling

MENÜVORSCHLÄGE

„Stellen Sie sich gemeinsam mit mir in die Küche und schauen Sie mir über die Schulter, wenn ich mein Lieblingsmenü koche. Vielleicht entdecken Sie den einen oder anderen Kniff, den Sie für sich nutzen können. **Der QR-Code verrät Ihnen, wo Sie den Film finden**.“

MENÜ 1

„Dieses Menü ist geeignet **für die wärmere Jahreszeit.** Es ist leicht und frisch, mit hohem Eiweißanteil. Vieles, wie die Vor- und Nachspeise, lässt sich gut vorbereiten. Die Zitrone gibt hier den Ton an.“

Vorspeise: Avocado-Vichyssoise
Zwischengericht: Spinatsalat mit tamarinden-mariniertem Tempeh
Hauptgericht: Zitronen-Risotto
Dessert: Shrikhand

MENÜ 2

„Das ist etwas für **Festtage in der kalten Jahreszeit**! Für ein viergängiges Menü können Sie zwischen Suppe und Hauptgang noch einen schönen Salat einbauen. Vieles lässt sich gut vorbereiten, sodass Sie nicht die ganze Zeit in der Küchen stehen müssen, wenn die Gäste kommen.“

Vorspeise: Gebrannte Dinkelgrießsuppe mit Scamorza
Hauptgericht: Rheinischer Sauerbraten mit Blaukraut und Spätzle
Dessert: Pflaumendessert

MENÜ 3

„**Wer es indisch mag, ist hier genau richtig**. Dieses Menü versetzt Sie mit seinen exotischen Düften und Geschmäcken in Urlaubsstimmung. Auch hier können Sie einiges vorbereiten und es macht auch noch richtig was her …“

Vorspeise: Samosas mit Chutney
Hauptgericht: Malaikofta
Dessert: Mango-Lassi

MENÜ 4

„**Das ist ein Menü für die Zeit, wenn die Tage wieder kürzer werden**. Wer es leichter mag, macht den Salat, wer etwas Wärmendes braucht, die Suppe. Oder für ein viergängiges Menü einfach beides! Dieses ungewöhnliche Essen mit einem flammenden Abschluss beinhaltet viel Eiweiß, also besonders gut geeignet für Vegetarier und Veganer. Ihre Gäste werden es lieben!“

Vorspeise: Chicoréesalat mit Shiitakepilzen oder Kartoffelsuppe mit gerösteten Mandeln
Hauptgericht: Dinkel-Risotto mit Spitzkohl und Maroni
Dessert: Vanillecreme mit Schattenmorellen

MENÜ 5

„**Ein Crossover-Menü vom Feinsten:** Vietnam trifft Mexiko und Italien! Die Vor- und Hauptspeise ist für jene, die es auch gerne scharf mögen, die Nachspeise beruhigt und erfrischt die Zunge wieder. Da sich vieles vorbereiten lässt, genießen Ihre Gäste Ihre volle Aufmerksamkeit.“

Vorspeise: Glasnudelsalat mit Algentofu und Mango
Hauptgericht: Mole Poblano mit Tempeh
Dessert: Zitroso

Foto: Sarah Koller

MARION KRACHT kocht

VEGETARISCH VEGAN

DANKE!

Natürlich konnte ich dieses Buch nicht allein auf die Beine stellen. Daher möchte ich hier einigen wichtigen Unterstützern danken. Allen voran dem CADMOS | AVBUCH Verlag. **Anke Werner** und **Wolfgang Funke** glaubten von Anfang an an dieses Projekt.

Dann meiner wunderbaren Lektorin **Sarah Koller**. Sie setzte sich mit vielen guten Ideen und persönlichem Engagement ein: Die Jeans, die ich auf den Fotos trage, ist ihre! Merci.

Auch meinen Kollegen möchte ich danken, die auf der Theatertournee permanent mein Tippen und meinen Kampf mit dem Computer ertragen mussten.

Außerdem natürlich den beiden Fotografen **Dirk Bartling**, meinem Freund, der die crazy Fotosession mit mir machte, und **Sandy Neumann**, die die Gerichte kreativ ins richtige Licht setzte. Danke, ohne euch wäre das Buch recht grau.

Besonderer Dank gebührt natürlich meinen Testessern, meinen Söhnen **Darius und Tizian**, die mich kritisierten und inspirierten - danke Jungs, ihr seid großartig!
Und vor allem meinem Mann **Berthold**, der mich immer unterstützte. Ohne dich hätte ich all das nicht geschafft. Ich liebe dich!

Vielen Dank an die Firmen Rice und Ekobo, die ihr fantastisches Geschirr für dieses Buch zur Verfügung stellten.